학교
안의
인문학
2

공간 속에서 삶을 이해하는 생각 도구들 12

학교 안의 인문학

2

오승현 지음

생각
학교

목차

머리말 매일 머무는 일상과 공간, 우리가 공부해야 하는 이유 8

1. 교실___ 네모난 학교, 네모난 교실

사각 틀에 갇혀버린 꿈 14
판박이 교실은 판박이 교육을 부른다 16
'높이와 시선'이라는 감시탑 20
열린 교실에서 열린 배움을 23
다양성은 곧 생존의 문제 27

2. 도서관___ 도서관은 살아 있다

무한한 미래가 담겨 있는 곳 32
태어나려는 자는 하나의 세계를 깨뜨려야 한다 34
배움이란 '물음'을 익히는 것 37
인터넷은 도서관을 대체할까 41
정신의 치료제이자 민주주의의 백신 44

3. 음악실·미술실·체육관___ 기적을 일구는 수업

우리나라 교육의 시간은 거꾸로 간다 50
예체능 교육의 놀라운 힘 53
삶을 준비하는 진짜 공부 56
빈민가에서 피어난 기적 61
흔들리며 피는 꽃 66

4. 탈의실_____ 보여주지 않을 권리

'자기만의 방' 70

개인의 존엄이 먼저다 73

혼자 있을 수 있는 권리 76

공간을 내어주는 일 79

5. 교문_____ 문일까, 벽일까?

지도 vs 맞이, 변하지 않은 풍경 84

그 문을 통과하라 87

규칙과 단속의 이중주 91

문과 담장을 허문 학교 95

6. 운동장_____ 학교 뒤의 군대

학교의 진짜 주인은 누구일까 100

모두에게 운동장을 허하라 104

학교의 뿌리를 찾아서 106

놀과 쉼이 사라진 운동장 109

학교는 군대가 아니다 114

7. 복도_____ 차가움에서 따뜻함으로

학교의 시계는 멈춰 있다 118

복도의 욕망과 억압 120

감옥을 닮은 학교 125

파놉티콘, 감시받는 자들의 사회 128

수많은 트루먼들 132

8. 교무실_____ 교사가 없는 교무실

침팬지와 보노보 136

침묵이 흐르는 공간 139

학교를 지배하는 질서, 위계질서 144

교무실인가, PC방인가 147

교사는 교사이고 싶다 150

9. 화장실_____ 차별은 어디든 있다

화장실에도 차별이 있다 154

'소변 색깔은 다 똑같다' 156

똑같지만 사실은 똑같지 않다 160

화장실로 보는 사회 164

분리하되 평등하게? 167

10. 식당____ 닳고 닳은 세상의 밑변

누가 밥을 짓나 172

보이지 않는 사람들 175

누군가의 '희생 위'에서 180

값싼 비용은 값비싼 대가를 부른다 183

멀리 가려거든 함께 가라 188

11. 계단____ 누군가의 불편, 누군가의 침해당한 자유

18센티미터의 장벽 192

두 개의 턱 195

모두를 위한 디자인 199

우리는 모두 장애인 202

가르침은 가름일 수 없다 206

12. 학교의 안팎____ 폭력의 그늘

그들은 왜 친구를 때렸을까 210

폭력이 폭력을 낳는다 212

사회가 더 폭력적이다 216

처벌이냐, 교육이냐 220

우리는 잘못이 없을까 225

참고문헌 228

매일 머무는 일상과 공간, 우리가 공부해야 하는 이유

인간은 시간 속에 산다. 누구나 제한된 시간 속에 잠시 머물다 생을 마감한다. 시간은 지금 이 순간에만 존재한다. 오직 현재 순간에만 경험되고 지나간 순간은 다시 경험할 수 없다. 즐거웠던 한때를 떠올려보자. 그때 그 시간을 다시 경험하고 느낄 순 없다. 남아 있는 건 기억뿐이다. 그런데 그 추억도 사물과 장소의 이미지와 겹칠 때가 많다. 결국 살면서 남는 것은 사물과 장소가 남긴 한 줌 부스러기가 아닐까?

《학교 안의 인문학》이 태어난 배경이다. 이번 편은 특별히 공간에 주목한다. 무언가가 존재하고 활동하며 증식하려면 일정한 공간이 필요하다. 머릿속에 있는 것 말고 물리적으로 있는 것은 공간 속에 존재한다. 우리에게 공간은 시간보다 먼저다. 이를테면 좋은 장소가 있어야 좋은 시간을 누릴 수 있다. 좋은 장소에 있지 못하면 그것을 찾느라 시간을 허비한다.

깨어 있는 동안 청소년들이 가장 오래 머무는 장소는 학교다. 학교에서 보내는 시간은 즐거울까? 달리 말해 학교는 행복한 공간일까? 자유와 안락은 행복의 전제 조건일 것이다. 그렇게 본다면 자유롭지도, 안락하지도 않은 학교는 마냥 행복한 공간이기 어렵다. '형태는 기능을 따른다'는 건축계의 금언이 있다. 오늘날 학교 건축은 학교 교육의 딱딱함, 획일성 등을 정확히 반영한 것인지도 모른다.

'19세기 교실에서 20세기 선생님이 21세기 아이들을 가르친다'는 말이 있다. 할아버지가 다닌 학교와 아버지가 다닌 학교, 그리고 자녀가 다니는 학교가 같다. 너무도 같은 모습이라 오히려 이질적이다. 별다른 문제 제기 없이 19세기 교실이 21세기까지 이어져오고 있다. 학교는 왜 그런 모습일까? 이에 대해 생각해볼 만한 심리학 실험을 하나 소개하고자 한다. 바로 '화난 원숭이 실험'이다.

실험 첫째 날, 배고픈 네 마리 원숭이에게 바나나를 던져준다. 그러고는 원숭이들이 바나나를 먹으려 할 때마다 냉수를 뿌린다. 놀란 원숭이들은 더는 바나나를 거들떠보지 않는다. 둘째 날, 네 마리 중 두 마리를 빼고 새로 두 마리를 투입한다. 신입 원숭이가 바나나에 접근하자 기존 원숭이들이 공격한다. 냉수를 맞지 않기 위해서다. 셋째 날, 최고참 원숭이들을 빼고 두 마리를 또 투입한다. 신입 원숭이들이 바나나에 접근하자 둘째 날부터 투입됐던 원숭이들이 공격한다.

이 실험에서 눈여겨볼 부분은 마지막 날이다. 마지막 날 남은 원숭이들은 찬물을 맞아본 경험이 없다. 그런데도 바나나에 손을 대지 못한다. 이유도 모른 채 바나나는 절대 손댈 수 없는 것이라고 철석같이 믿고 행동한 것이다. 이것이 관습의 힘이다. 관례나 관행이라 불러도 상관없다. 학교 건축은 별다른 비판의식 없이 관행대로 수십 년을 이어왔다. 시대가 달라졌는데 학교만 그대로인 이유다. 학교 건축은 어떠해야 할까?

학교는 어느 나무 아래에서 시작됐습니다. 그곳에서 자신이 선생인 줄 모르는 어떤 이가, 자신이 학생인 줄 모르는 몇몇 사람에게 자신의 이야기를 들려주었습니다. 그들은 자기들 사이에 오간 이야기들에 대해 생각하고, 깨달음을 들려준 사람 앞에 있다는 사실이 얼마나 좋은지 생각했습니다. 그리고 자기 아이들에게도 그 사람의 이야기를 들려주고 싶었습니다. 마침내 바라던 공간이 세워졌습니다. 이것이 학교의 시작입니다.

건축가 루이스 칸(1901~1974)이 들려주는 '나무 밑의 학교'

이야기다. 비록 그 이야기가 학교의 기원에 대한 역사적 사실을 다룬 건 아니지만, 그것에는 외면하기 어려운 학교의 진실이 담겨 있다. 루이스 칸의 이야기는 학교가 어떤 모습이어야 하는지 근본적으로 묻고 있다.

"당신의 학교는 삶의 이야기가 넘쳐흐르는가? 당신의 학교에는 깨달음과 감동의 순간이 있는가?"

여기에 학교 건축의 힌트가 숨어 있지 않을까?

학교 건축이 담아야 할 내용은 국가의 교육 목표도 아니고, 입시 교육과 경쟁 교육도 아니다. 그런 것들은 삶의 이야기와 무관하다. 깨달음이나 감동과는 더더욱 거리가 멀다. 학교는 교사와 학생의 삶이 이야기가 되고 그 이야기가 깨달음으로 전해지는, 소통과 성장의 배움터여야 한다. 삶과 앎이, 생활과 배움이 겉돌지 않고 스미고 짜이는 배움터가 되어야 한다.

우리의 학교는 그런 배움터일까? 아니, 그런 배움터를 꿈꾸곤 있을까? 이 책 전체를 관통하는 질문은 이것이다.

일러두기 ──────────────────────

대부분 외래어표기법을 따랐으나,
일부 이전 표기가 굳어진 경우 그대로 썼습니다.

1

교실

네모난 학교, 네모난 교실

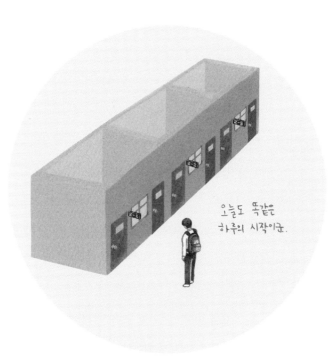

오늘도 똑같은
하루의 시작이군.

"내 배움이 멈추었던 유일한 시기는
내가 학생이었을 때뿐이다."

–조지 버나드 쇼(극작가, 1856~1950)

사각 틀에 갇혀버린 꿈

전국 어느 학교나 괴담이 하나씩 있어. 학교가 괴담의 진원지가 된 건 아마도 억압과 폐쇄에서 오는 공포 때문일 테지. 건축가 유현준은 《어디서 살 것인가》에서 학교 건축이 '교도소'와 같다고 했어. 학교와 교도소는 공통적으로 운동장 하나에 4~5층짜리 건물로 이루어져 있고 창문 크기를 빼고는 공간 구성상의 차이를 찾아보기 힘들다고 말이야.

학교 건축은 과거에 머물러 있어. 교육 정책이 바뀌고 가르치는 사람이 바뀌어도 교실은 반세기 넘게 한결같지. 꽉꽉 닫혀 있는 학교, 삭막하고 폐쇄적인 사각 교실. 사방이 차가운 콘크리트 벽뿐인 상자 안에는 제대로 숨 쉴 틈이 없는 듯해. 다른 반의 동급생조차 우리 반에 들어오지 못하게 하는 경우도 있어. 분실 우려 때문이라지만 교실이 얼마나 폐쇄적인 공간인지 잘 보여주지. 색깔은 또 어떻고. 무채색 일색이지. 교실 벽, 천장, 바닥 등 모두 밝고 경쾌한 느낌이 없어. 교실을 나와도 마찬가지야. 복도 역시 벽과 천장, 바닥이 무채색에 가까워서 단조로운 느낌이 강하지. 학교는 색깔부터 다양성을 잃고 있어.

칙칙하고 어두운 환경은 그 속에 있는 사람의 마음까지 칙칙하고 어둡게 만들어. 프랑스 출신 색 전문가 장가브리엘 코스(1969~)는《색의 놀라운 힘 L'étonnant pouvoir des couleurs》에서 "아이들이 잿빛 담벼락에 선명한 색으로 낙서하는 것은 본능적으로 무채색 환경에서 벗어나려는 욕구가 있기 때문이다. 아름다운 색으로 칠해진 건물 벽에 낙서하는 아이는 드물다"라고 했어. 건물 벽에 낙서가 심한 학교라면, 낙서 문제의 원인을 학생보다는 학교 건물 자체에서 찾아야 할 거야.

건축을 통해 인간 존중의 정신을 구현할 수 있어. 건물 안에 있는 사람이 존중받는 느낌, 배려받는 느낌을 받을 수 있다면, 그것이 바로 건축을 통해 인간 존중을 실현한 거지. 더럽고 칙칙한 공간은 그곳에 머무는 사람을 배려하지 않은 거야. 학교 건물이 칙칙한 이유 중 하나는 건축비지. 중앙대 건축학부 전영훈 교수가 조달청의 공공건축물 유형별 공사비를 분석한 결과, 학교의 건축비가 가장 저렴했어. 초등학교를 짓는 데 1세제

곱미터당 166만 원의 예산이 든 반면, 교정 시설은 258만 원이 들었어. 건축비만 놓고 본다면 학교는 감옥보다 못한 시설이지.

학교는 감옥이 아니야. 폐쇄적이고 삭막할 이유가, 칙칙하고 딱딱할 이유가 전혀 없어. 학교는 학교다워야 해. 살아 꿈틀대는 아이들의 꿈을 온전히 품고 키우려면 학교도 활력 있고 역동적인 공간으로 바뀌어야 해. '한 나라의 과거를 보려면 박물관에, 현재를 보려면 시장에, 미래를 보려면 도서관과 학교로 가보라'는 말이 있지. 과연 우리의 학교는 우리나라의 미래를 보여주고 있을까?

판박이 교실은 판박이 교육을 부른다

주변을 둘러보면 어디에나 사각형이 많아. 다만 집에는 사각만큼 다른 모양도 많지. 소파와 소파에 놓인 쿠션이 그렇고, 침대와 침대 위 이불이 그렇지. 주방으로 가면 접시며 밥솥이며 온갖 그릇들이 둥글둥글 비슷해. 욕실에도 비누, 칫솔, 변기, 세면대 등 다양한 모양이 있어. 인형, 화분, 시계, 의자, 러그 등 사각이 아닌 것들은 집 안에 차고 넘쳐. 반면 교실은 온통 사각이야. 책상이 그렇고 칠판이 그렇고 칠판 위에 걸린 태극기가 그래. 교탁, 창틀, 교실문, 게시판, 사물함……. 벽시계를 빼고는 거의 모두 사각이야.

교실에는 왜 사각형이 많은 걸까? 사각형이 경제적이기 때문이지. 건물을 사각형으로 지으면 빈틈없이 붙여 지을 수 있어. 건물이 사각형이니 그 안에 들어가는 집기들도 사각형으로 만들게 돼. 그래야 벽이나 구석에 딱 맞게 들어갈 테니까. 만약 둥그런 책상을 만들면 빈틈이 많이 생겨 공간이 낭비되겠지? 책과 책가방이 사각형인 이유도 비슷해. 사각형인 교과서에 맞춰 책가방도 사각으로 만들어지지. 이처럼 사각형은 공간의 낭비를 줄이는 도형이지만, 반대로 여백과 여유가 없는 도형이기도 해.

똑같은 걸 가르치고 똑같은 걸 배우는 교실, 네모나고 획일화된 모양의 교실에서 개성과 가능성이 죽어가는 건 아닐까? 전국 어디서나 똑같은 크기와 모양의 교실에서 똑같은 교과서를 가지고 공부해. 비슷하게 생긴 공간에서 거주하고 엇비슷해 보이는 학원에 다니면서 거의 비슷비슷한 목표를 가지고 공부해. 여유 공간과 휴식 공간이 턱없이 부족한 닭장 같은 교실에서 개성이나 창의성은 살아나기 어렵고, 그 안에서 이뤄지는 정형화된 학교 교육은 학생의 개성과 창의력을 죽이기 쉽거든.

1968년 미국항공우주국NASA에서 영재성을 보이는 다섯 살

아이 1,600여 명을 대상으로 창의력 검사를 했어. 그중 98퍼센트가 높은 창의성을 보였지. 그런데 5년 후 검사에서는 30퍼센트만이, 다시 5년 후 검사에서는 12퍼센트만이 창의성을 유지했대. 그동안 그들에게 무슨 일이 있었던 걸까? 바로 학교 교육을 받았지. 정규 교육과정을 거치면서 86퍼센트의 아이들이 창의성을 잃어버린 거야. "모든 아이는 예술가로 태어난다. 자라면서 그 예술성을 지키는 것이 문제다"라고 하던 피카소(1881~1973)의 말이 실감 나게 다가오는 것 같아.

영국 물리학자 마이클 패러데이(1791~1867)는 정전기 유도 현상을 발견해 근대 물리학의 초석을 다진 인물이야. 패러데이는 읽기, 쓰기, 산수 외 정식 교육을 거의 받지 못했어. 대신 열네 살 때부터 제본사로 일하면서 틈틈이 읽은 과학책을 통해 과학 지식을 습득했지. 그가 위대한 업적을 남길 수 있었던 데는 수학을 잘하지 못했다는 점이 크게 작용했어. 전기 및 자기 현상을 연구하면서 수학을 몰랐기 때문에 오히려 자신만의 비수학적 방법론을 개발할 수 있었거든. 학교에서 정식 교육을 받지 않은 것이 오히려 장점이 됐던 거야.

근대 교육이 처음 시작될 당시에는 교사가 표준화된 내용을 천편일률적으로 가르치는 것이 타당했을지 몰라. 산업사회에 필요한 노동력을 효율적으로 제공하기 위해 학교 체제가 단일화·표준화·대량화에 맞춰져 구축됐거든. 하지만 교사가 획일적으로 네모난 교실에 학생들을 모아놓고 표준화된 내용을 똑같이 가르치는 교육 모델은 지식과 정보가 넘쳐나는 지금 시대에는 맞지 않아. 사람들은 스마트폰 등 디지털 기기로 언제 어디서든 원하는 지식을 찾을 수 있거든. 머릿속에 지식을 구겨넣는 방식은 앞으로 더 이상 쓸모가 없을 거야. 그런 교육 방식으로는 인공지능이 인간의 노동을 대체하게 될 4차 산업혁명 시대에 발맞출 수 없거든.

2016년 세계경제포럼WEF은 〈직업의 미래The Future of Jobs〉 보고서에서 현재 초등학생들의 65퍼센트는 지금 존재하지 않는 새로운 직업을 가질 것이라고 예측했어. 그런데 우리는 그런 미래를 잘 대비하고 있을까? 우리나라 교육은 과거와 크게 다르지 않아. "수능 만점의 비결은 꾸준한 반복 학습이었습니다" 같은 만점자의 인터뷰가 이상하지 않게 보도되는 현실이야. 계속 보고 또 보고 해서 만점을 받았다는 이야기는 수능이 지식 위주의 평가라는 걸 방증하지.《제3의 물결The Third Wave》로 유명한 엘빈 토플러(1928~2016)는 2007년 한국 방문 당시 한국 교육에 대해 "한국 학생들은 학교와 학원에서 미래에 필요하지도 않을 지식과 존재하지도 않을 직업을 위해 하루 15시간 이상을 낭비하고 있다"라고 말했어.

시인 라이너 마리아 릴케(1875~1926)는 〈상상의 전기Imaginary Biography〉라는 시에서 학교 교육을 "처음에 아이는 한계도 모르고, 포기도 모르고, 목표도 없이, 그토록 생각 없이 즐거워한다. 그러다가 돌연 교실이라는 경계와 감금과 공포에 맞닥트리고 유혹과 깊은 상실감에 빠진다"라고 꼬집었어. 새끼 때부터 줄에 묶여 자란 코끼리는 커서도 그 줄을 끊지 못한다고 해. 줄을 끊을 수 있을 만큼 몸이 커지고 힘이 세져도, 줄을 끊지 못할 거라는 생각에 단단히 묶인 탓이야. 학교가 우리를 묶는 줄이 돼선 안 되겠지. 우리의 생명력과 잠재력을 살려야 할 교육이 오히려 그것을 죽이는 도구가 돼선 안 돼.

'높이와 시선'이라는 감시탑

1960~1970년대는 미국과 소련(현 러시아)의 우주 개발 경쟁이 한창이었어. 1957년 소련이 최초의 인공위성 스푸트니크Sputnik호를 쏘아 올렸지. 이에 충격을 받은 미국이 본격적으로 소련과의 우주 개발 경쟁을 시작했어. 1969년 아폴로호의 달 착륙도 그 연장선에서 이뤄졌다고 볼 수 있어. 초기 우주 개발 경쟁은 인공위성 경쟁이었지. 누가 더 높은 곳에서 더 많이 볼

수 있는지 서로의 군사 정보를 염탐하고 군사 동향을 감시하기 위한 목적이 컸어. 군사적 우위를 차지하기 위해 그야말로 '높이와 시선'의 첩보전을 벌였어.

'자리가 사람을 만든다'는 말 들어봤지? 여기서 자리는 직위나 직함만 가리키는 게 아니야. 실제 공간, 물리적 자리 역시 사람을 만든다고 봐야 해. 궁에서 임금의 자리는 제일 높은 곳에 있었어. 임금은 높은 데 앉아서 아래를 굽어봤지. 내려다보는 그 자리가 권력이야. 회사에서 사장은 어떨까? 모든 직원들을 한눈에 볼 수 있는 자리에 앉는 경우가 많아. 시선은 권력이자 지배야. 일상에서도 마찬가지인 것 같아. 윗사람을 똑바로 쳐다보는 것은 권위에 대한 도전을 나타내기도 하고, 강자 앞에서 시선을 내리까는 행위는 굴종을 의미하기도 하지.

교단도 '높이와 시선'의 구조물로 볼 수 있어. 일종의 감시탑이지. 지금은 교단이 사라졌지만, 예전에는 더 잘 보기 위해 교실에 교단이 놓여 있었어. 하지만 교단이 없다고 해서 감시의 시선까지 없는 건 아니야. 학교에서 학생들은 일상적으로 감시의 시선 아래 생활하거든. 교내 곳곳에 설치된 CCTV(폐쇄회로 텔레비전)가 그렇지.

왜 교실 맨 뒷자리는 힘깨나 쓰는 녀석들의 차지일까? 일차적으로는 교사의 감시와 손길로부터 멀찍이 떨어져 있을 수 있으니까. 또, 뒤에서 '시선'을 확보할 수 있기 때문이기도 하지. 모든 학생들을 볼 수 있지만, 자신은 남들에게 노출되지 않거든. 이처럼 '보는 것'에는 권력 관계가 어느 정도 내포돼 있어. 다른 사람에게 보이지 않으면서 다른 사람을 볼 수 있을 때, '보는 사람'은 권력을 더 가진 셈이 되지. 보이는 대상은 보는 자보다 힘이 부족하다고 볼 수 있는 거고.

높은 층일수록 아파트는 값이 올라가. 흔히 조망권으로 불리는, 풍경에 대한 값만은 아니야. '나'를 보이지 않으려는, 사생활을 보호한다는 측면도 크거든. 소위 펜트하우스(맨 위층에 있는 고급 주거 공간)가 가장 비싼 이유야. 자신은 노출되지 않으면서 주변 풍경을 내려다볼 수 있으니까. 반면에 낮은 층은 높은 곳을 엿볼 수 없어. 더 높은 곳에 살려는 것은 우월한 시선을 갖고 싶은 욕망의 표현이야.

시험이 시작되면 감독관은 대개 교실 뒤편에 서 있어. 감독관은 학생들의 행위를 볼 수 있지만, 학생들은 몸을 돌리지 않는 이상 감독관을 볼 수 없어. 그런데 한번 생각해봐. 누가 내 뒤통수를 계속해서 보고 있다고 생각하면 딴짓을 할 수 있을까? 어디쯤 서서 누구를 보는지 모르기 때문에 늘 그 시선을 의식하게 되지. 즉 감시의 시선을 내면화하는 거야. 감독관이 뒤쪽으로 몸을 옮기는 순간 보이지 않는 시선이 교실 전체를 둘러싸지. 이것이 바로 효율적인 감시가 작동하는 방식이야.

교실에는 두 종류의 시선이 교차해. 교사를 향해 앞을 보는 학생들의 시선과 앉아 있는 학생들을 살피는 교사의 시선. 두 시선은 대등하지 않아. 학생들은 모두 줄 맞춰 앞만 보고 있기 때문에 학생들끼리 서로 마주보며 교감하기는 어려운 구조야. 아울러 교사와 학생이 서로에게 묻고 소통할 수 있다는 생각이 자리 잡기도 힘든 구조지. 게다가 교실 앞에는 교탁이 교사와 학생 사이를 가로막고 있어. 교사는 계몽의 자리에 서 있을 뿐이지. 오직 일방적으로 가르치는 존재로서 말이야.

열린 교실에서 열린 배움을

학교에서 우리가 주로 받는 교육의 방식은 주입식일 때가 많아. 주입식이란 밖에서 안으로 지식을 넣어주는 것이라고 말할 수 있을 거야. 그런데 교육의 어원은 이와 정반대라는 사실을 알고 있니? '교육하다'를 뜻하는 'educate'는 '안에서 밖으로 이끌어내다'는 뜻의 라틴어 'educare'에서 유래했거든. 인간의 내면에 잠재된 어떤 것을 밖으로 끄집어내는 체계적인 훈련이 바로 교육이라는 거야. 잠재력을 끄집어내려면 닫혀 있는 걸

열고, 간혀 있는 걸 꺼내야 해. 그런데 이것이 단지 잠재력의 개발에만 국한될까?

'신언서판身言書判'은 동양 사회에서 인물을 평가할 때 적용하던 네 가지 기준이야. 몸(용모와 풍채), 말(조리 있는 표현력), 글씨(좁게는 글씨체, 넓게는 문장력), 판단력 중에서 가장 중요한 것이 마지막 '판'이지. 신·언·서를 보는 이유도 최종적으로 판단력을 보기 위함이야. 배움에서도 판단이 중요해. 배움이란 어떤 대상을 탐구하거나 지식을 쌓는 것뿐만 아니라 판단하는 것도 포함하거든. 여기서 판단은 '열린 판단'이야. 특별히 정해진 결론 없이 토론과 논쟁을 거쳐 결론을 도출해내기 때문이지.

교실도 마찬가지 아닐까? 현장에서의 교육이 닫혀 있기만 해서는 안 되겠지. 그러나 현실 속 교실은 철저히 닫혀 있는 상태야. 가령 '다른 반 출입 금지'가 대표적이지. 효율적 학생 지도와 학급 관리, 도난 방지 등을 이유로 다른 반 학생들의 교실 출입을 막는 거야. 아이들은 다른 수업 시간이 아닌 이상 각자 자기 교실에만 갇혀 있어. '닫힌 교실'은 '닫힌 교육'을 상징해. 물리적으로 닫힌 교실은 토론과 논쟁이 부족하고 교과서의 정답만 외우기를 강요하는 '닫힌 교육'을 떠올리게 하지. '형식이 내용을 지배한다'는 말이 이 경우에 딱 들어맞지 않을까?

"토론에선 열 개의 틀린 생각이 하나의 바른 주먹보다 낫다."

프랑스 초등학교 고학년용 〈시민교육〉 교과서 '토론' 단원에 소개된 4컷 만화 속 문구야. 만화 속 인물들은 "응", "아니야"를 주고받으며 공방을 이어가지만 토론을 강제로 끝내는 '주먹'은 등장하지 않지. 여기서 주먹은 강자나 강한 리더가 상황을 일거에 정리하는 걸 뜻해. 만화는 다른 의견들이 모여 합의를 끌어내는 과정이 곧 민주주의라는 점을 보여주고 있어. 타인의 의견에 열린 자세, 내 의견이 틀릴 수도 있다고 생각하는 자세, 그게 바로 민주주의적 태도야.

꽉 닫힌 교실, 감시받는 교실에서는 창의성도, 민주주의도 자라나기 어렵지. 교실은 안팎으로 열려야 해. 안에서도 열리고 밖에서도 열려야지. 교실이 열린다는 건 정확히 어떤 의미일까? 먼저 안에서 열린다는 건 교육 방식상 열린다는 의미야. 교사와 학생 사이의 대화와 소통이 원활해진다는 뜻이지. 밖으로 열린다는 건 물리적 환경이 열린다는 뜻이야. 가령 '다른 반 출입 금지' 같은 금지사항을 떼어버리는 거지.

받아 적고 암기하는 교육, 객관식 선다형 평가 방식……. 교실은 지식만 있고 생각이 없지. 자기 머리로 생각할 줄 알아야 해. "배우기만 하고 생각하지 않으면 얻는 것이 없다"라는 말이 있어.《논어論語》'위정爲政' 편에 나오는 말이야. 유교 경전에서 가장 먼저 접할 수 있는 말은 가르침과 관련된 말이 아니라 배움과 관련된 말이야. 그러니까 교教, 교육教育, 사師 등이 아니라 학學, 위학爲學, 학자學者 등이 먼저라는 거야.《논어》의 첫 구절 "학이시습지 불역열호學而時習之 不亦說乎"를 들어봤을 거야. 그래. "배우고 때때로 익히면 또한 기쁘지 아니한가"라는 뜻이지.《대학大學》이나《소학小學》등은 아예 책 이름에서 '학學', 즉 배움을 강조하고 있어.

주어진 공부만 해서는 결코 발전할 수 없지. 주어진 지식만 받아먹는 공부는 한계가 명확해. 나무를 키워보면 알게 되는 사실이 있는데, 너무 자주 물을 준 나무는 가뭄에 훨씬 약하지. 공부도 마찬가지야. 자기 의지로 스스로 찾아서 한 공부는 뿌리가 깊고 밑동이 튼실한 나무와 같지. 누군가의 가르침을 따르고 좇기만 하면 자기 것을 만들어갈 수 없어. 자신이 하고 싶은 것을 스스로 공부해야 해. 그러려면 당연히 선택과 자유가 보장되어야겠지. 구글에는 '80:20 시스템'이라는 게 있어. 업무 시간 중 20퍼센트의 시간 동안 자기가 하고 싶은 일에 마음껏 몰입할 수 있는 제도야. 이제 가르침에서 배움으로, 주입식 교육에서 주도적 학습으로 사고를 전환할 필요가 있어. 앞서 말한 것처럼 4차 산업혁명의 물결이 그것을 요구하고 있거든. 타율적인 학습은 지식만 키우지만, 주체적인 학습은 인간을 성장시키지.

북유럽에는 '교실 없는 학교'가 늘어나고 있어. 바닥, 기둥, 화장실 등 최소한의 시설만 갖춘 학교야. 나머지 공간은 필요에 따라 집기를 옮기는 방법으로 공간을 만들어 수업을 진행하지. 교실이 열린다는 건 나아가 학교가 지역 공동체, 사회와 끊임없이 소통하고 교류한다는 의미이기도 해. 교육을 교사에게만 맡겨둘 게 아니라 지역사회가 함께할 필요가 있어. "한 아이는 온 마을이 키운다"라는 아프리카 속담처럼 모든 아이는 모두의 아이인 셈이야.

다양성은 곧 생존의 문제

왜 한국의 학교들은 똑같이 생겼을까? 건물 하나, 운동장 하나에 중앙 현관을 중심으로 교장실, 행정실, 교무실 등이 위치하지. 교실도 마찬가지야. 사각형으로 생긴 교실의 맨 앞엔 커다란 칠판과 큼지막한 교탁이 있고, 뒷벽엔 영락없이 게시물과 학습 자료가 붙어 있지. 교실을 가득 메운 책상들과 의자들은 마치 군인들처럼 줄 맞춰 늘어서 있어. 출입문은 앞뒤로 두 개씩 있고, 복도로 난 창이 있지. 아주 오래된 교실 구조야. 그런 구조가 학습에 이롭다고 판명된 것도 아닌데 관행적으로 유지돼왔어.

이런 교실에선 창의성이 꽃피기 어렵겠지. 지금 우리 시대가 요구하는 가치는 창의성과 다양성인데 말이야. 창의성과 다양성은 서로 다른 성질처럼 보이지만, 사실 밀접한 관련을 맺고 있어. 어려운 문제를 풀려면 능력이 뛰어난 사람을 모아놓으면 된다고 생각하지. 그러나 많은 사회과학 연구들은 능력이 뛰어난 동질적인 사람들로 이루어진 조직보다 능력은 다소 떨어지더라도 다양한 경험과 배경을 가진 이질적인 사람들이 모여 협력하는 조직이 높은 성과를 낸다는 사실을 말하고 있어.

미국 미시간 대학교의 스콧 페이지 교수는 다양성이 능력을 이긴다고 강조하지. 그는 한 실험에서 참여자들을 두 그룹으로 나누었어. 한 그룹은 IQ^{지능지수}가 130이 넘는 박사들로 구성됐고, 다른 한 그룹은 IQ가 낮지만 다양한 분야의 전문가들로 구성됐지. 문제 해결 능력을 측정한 결과, 후자의 그룹이 더 뛰어난 성과를 보였어. 이유는 간단하지. 사람들마다 문제 해결을 위한 연장 세트를 가지고 있는데, 동질적인 그룹은 연장 개수가 적었지만 이질적인 그룹은 연장이 많았거든.

다양성은 창의성 발현의 기본이라는 점에서 중요하지만, 그보다 더 중요한 측면이 있어. 다양성은 바로 생존과 직결된 문제라는 거야. 생물 다양성은 생물의 생존에 결정적이거든. 어떤 집단을 이루는 개체들이 모두 똑같다면 내부적 갈등은 일어나지 않을지 몰라. 하지만 자연환경의 갑작스러운 변화 같은 외부 요인에는 매우 취약할 수밖에 없지. 변화에 대한 대응이 획일적이기 때문이야. 예를 들어 들판에 같은 종의 감자만 심었다고 해봐. 만약 그 종에 치명적인 전염병이 돌면 어떻게 될까? 전멸이지.

1847년, 아일랜드에서 대기근이 발생했어. 800여만 명의 아일랜드 인구 중 100여만 명이 사망했고, 300여만 명이 해외로 이주했어. 대기근의 원인은 감자였지. 감자는 아일랜드인의 주식이었는데, 감자 마름병이 퍼져 수확량이 급감한 탓이었어. 당시 아일랜드는 단일 품종의 감자만 재배하고 있어서 피해가 컸어. 만약 여러 종류의 감자를 재배했더라면 병충해의 피해를 줄일 수 있었을 거야. 이처럼 다양성은 인간의 생존을 위해서도 결코 없어서는 안 될 가치야.

똑같은 색깔만 존재한다면 세상은 다채롭지 않고, 똑같은 멜로디로만 노래한다면 하모니는 존재할 수 없지. 영국 작가이자 역사가 허버트 조지 웰스(1866~1946)는 100년 전에 "인류의 역사는 점점 더 교육과 재앙 사이의 경쟁이 되고 있다"라고 했어. 사회가 극단적으로 양극화되고 지구 생태계가 질식하기 직전인 오늘날의 상황은 확실히 대재난이 맞지. 미래의 운명을 책임질 교육이 다양성의 가치를 홀대해선 안 될 거야. 그러려면 교실부터 바꿔야 해. 미국 교육운동가 윌리엄 에어스(1944~)는《가르친다는 것 To teach》에서 이렇게 조언했어.

교실과 학교를 편협하고 빈약한 일방적 평가가 이루어지는 시험 공장이 아니라, 아이들이 전체적으로 건강하게 발달할 수 있게 하는 좋은 환경이자 공동체로 만들어야 한다. 교실이 아이와 교실 공동체에 맞추어져 있어야지, 그 반대가 되어서는 안 된다.

2

도서관

도서관은 살아 있다

무한한 꿈을
꿀 수 있어서 좋아.

"나의 인생이 시작된 것은 책 속에서였다."

−장 폴 사르트르(철학자, 1905~1980)

무한한 미래가 담겨 있는 곳

직업이 'fireman'인 한 남자가 있었어. fireman의 원래 뜻은 소방관이지만, 남자가 하는 일은 불을 끄는 게 아니라 불을 지르는 거였지. 남자는 불순한 생각, 비판적 생각을 갖게 하는 '불온한 매체'를 불태우는 임무를 맡고 있었어. 그가 태워 없애는 대상은 바로 책이야. 책이 사라진 미래 사회에서 사람들은 감각적인 오락물과 통제된 정보에 길들여진 나머지 비판적 사고를 하지 못하게 되지. 레이 브래드버리(1920~2012)의 과학소설《화씨 451 Fahrenheit 451》의 내용이야. 화씨 451도는 종이가 불에 타는 온도지. 고등학교를 중퇴한 브래드버리는 "나를 키운건 도서관이다"라고 말했어. 도서관에 틀어박혀 작가의 자질을 벼렸거든.

만약 대지진이 일어나서 도시가 무너지고 오직 건물 두 채만 남는다면 어떤 용도로 써야 할까? 한 채를 병원으로 쓰고, 그럼 나머지 한 채는? 브래드버리는 도서관이라고 답했지. 왜 하필 도서관일까? 공장이든 발전소든 연구소든, 복구와 재건에 필요한 지식이 모두 책에 담겨 있으니까. 도서관이 다른 용도의 건물들을 모두 담고 있는 셈이야. 병원이 당장의 생명을 건사한다면, 도서관은 인류 문명의 미래를 도모하지. 문명이 도서관이고 도서관이 문명이야.

도서관은 어마어마한 양의 지식과 지혜를 담고 있어. 아무것도 하지 않고 평생 책만 읽는다 해도 다 읽을 수 없는 양이야. 그래서 누군가는 도서관에서 무한을 떠올리지. 영화 〈인터스텔라〉(2014)에는 '무한의 도서관'이 등장해. 책이 꽂힌 서가가 끝없이 펼쳐지지. '무한의 도서관'은 아르헨티나 소설가 호르헤 루이스 보르헤스(1899~1986)의 《바벨의 도서관La Biblioteca di Babele》에서 따온 거야. '바벨의 도서관'은 육각형의 서가가 무한히 이어진 구조로 되어 있어. 이 세상에 존재했고, 존재하고, 존재할 수 있는 모든 책들이 끝없이 이어지는 도서관이야.

공부는 세상을 이해하고 살아가는 데 필요한 지식과 교양을 얻고 문제를 해결하는 지혜를 익히는 거야. 더 나아가 다른 사람과 어울려 사는 법을 배우고 나만의 질문을 찾아가는 것도 공부야. 남에게 휘둘리지 않고 주체적으로 살아가려면 뚜렷한 자기 주관이 필요한데, 나만의 질문을 통해 자기 주관을 확고히 다져갈 수 있어. 이때 책은 중요한 징검다리가 되지. 독일 소설가 마르틴 발저(1927~)는 "우리는 우리가 읽은 것으로 만들어진다"라고 했어. 우리는 도서관에 있는 책을 읽으면서 사는 데 필요한 지식과 지혜를 구할 수 있을 뿐만 아니라 자기 주관도 키울 수 있어.

태어나려는 자는 하나의 세계를 깨뜨려야 한다

교과서를 넘어선 진짜 공부에 대해 이야기해볼까? 그저 좋은 성적 받고 좋은 대학 가고 좋은 직장 구하고……. 이게 공부의 목적이라면 공부하러 학교에 갈 필요가 없을지 몰라. 그런 공부는 학원에서도 가능하니까. 우리가 12년 넘게 학교를 다니며 공부하는 데는 더 중요한 의미가 있을 거야. 자기 머리로 생각하고 스스로 생각한 것을 표현하며 그에 따라 행동하려고 공부하는 거지. 선생님이 하는 말을 받아 적기만 해서는 자기 머리로 생각할 수 없어. 필기보다 중요한 것이 질문이야. 공부를 잘하려면 무엇보다 '질문의 힘'을 길러야 해.

그러나 교실에는 질문이 없지. 질문이 사라졌어. 교사가 볼 때 조금이라도 엉뚱한 질문은 '나쁜' 질문이 되지. 질문의 적절성은 전적으로 교과서 내용에 따라 결정된다고 보면 돼. 교사가 교과서 내용에서 조금이라도 벗어난다고 판단하면 그 질문은 '나쁜' 질문으로 전락하지. 그리고 그런 질문을 자주 하는 학생은 어느새 수업을 방해하는 학생으로 찍히게 돼. 교실에서 질문이 사라진 까닭이야. 대입, 시험, 진도 등이 질문을 가로막고 있는 거지.

2018년 대전시교육청이 학교 폭력 예방법으로 손을 들고 질문하는 사진을 보여주며 '잘난 척하지 않기'라는 문구를 제시했다가 비난받은 적이 있어. 여기서 문제가 된 건 첫째는 학교 폭력의 책임을 가해자가 아닌 피해자에게서 찾은 점이고, 둘째는 질문하는 사람을 '잘난 척하는 사람'으로 규정한 점이야. 요즘 말로 '나댄다'는 거였지. 수업 시간에 하는 '질문'을 다른 사람 앞에서 '나대는' 행동으로 낙인찍은 거야.

이런 분위기 속에서 교육을 받은 한국인들은 질문하길 두려워해. 2010년 오바마 전 미국 대통령이 G20 정상회담에 참석하러 서울에 왔어. 기자회견장에서 오바마 전 대통령은 개최국에 대한 배려 차원에서 한국 기자들에게 질문권을 주었지. 그런데 아무도 손을 들지 않자 중국 기자가 질문을 하겠다고 했어. 오바마 대통령은 그 기자의 질문을 잠시 미루면서까지 한국 기자들에게 재차 질문을 요청했지. 영어 때문에 주저하는 거라면 통역을 거쳐 질문해도 괜찮다고 유머러스하게 말했지만, 질문자는 끝내 나타나지 않았어.

질문을 던진다는 건 새롭게 본다는 뜻이야. 그러려면 어제까지의 생각과 느낌에서 벗어나야 해. 단단하게 굳은 나를 깨부수어야지. '나'라고 철저히 믿었던 것들을 의심하고 그것들에 균열을 내며, '당연한 세상'에 의심을 품고 그 세상에 금이 가도록 하는 거지. 이때 요긴하게 쓸 수 있는 도구가 바로 "왜?"라는 질문이야. 당연하게 생각되는 것들에 끊임없이 '왜'를 따져 물을 때 새로운 관점이 열릴 수 있거든.

자신을 돌아보고 인식의 한계를 넘어서는 건 결코 쉬운 일이 아니야. 소설로 치면 1인칭 시점밖에 구사하지 못하던 작가가 3인칭 시점을 자유자재로 넘나드는 거지. 자기만의 질문을 찾아가는 걸 '성장'이라 할 수 있어. 어제까지 보지 못하던 걸 새롭게 보고 묻지 못하던 걸 새롭게 물을 수 있다면, 그 사람의 정신은 한 뼘 더 '성장'한 셈이지. 어제까지의 세계가 무너지고 더 큰 세계, 새로운 세계로 나아가는 거야.

"새는 알에서 나오려고 투쟁한다. 알은 세계다. 태어나려는 자는 하나의 세계를 깨뜨려야 한다."

독일의 대문호 헤르만 헤세(1877~1962)의 《데미안Demian》에 나오는 말이야. 도서관은 어제의 나를 깨고 새로운 경험을 하는 공간이야. 새로운 세계를 발견하는 곳이지. 프랑스 작가 나탈리 샤로트(1900~1999)는 마르셀 프루스트(1871~1922)의 소설 《잃어버린 시간을 찾아서À la recherche du temps perdu》를 읽은 후에 세상을 다르게 보게 됐다고 말했어. 도서관 서가의 책 안에는 교과서에 다 담을 수 없고 교사가 다 알려줄 수 없는 세계가 담겨 있지. 도서관에서는 책에 몸을 싣고 새로운 세계를 발견하는 여행을 할 수 있어. 새로운 것을 만나고 새로운 것에 부딪히게 되면 기존의 것에 대한 질문이 샘솟기 마련이야. 도서관이 질문을 잉태하는 장소가 될 수밖에 없는 이유지.

"책이란 우리 내면에 존재하는 얼어붙은 바다를 깨는 도끼여야 해."

유대계 독일 소설가 프란츠 카프카(1883~1924)의 말이야.

배움이란 '물음'을 익히는 것

예전에 방영된 〈성균관 스캔들〉(2010)이라는 드라마에 보면 "지혜는 답이 아니라 질문에 있다"라는 대사가 나와. 알베르트

아인슈타인(1879~1955)도 "나에게 한 시간이 주어진다면 처음 55분은 적절한 질문을 결정하는 데 쓸 것이다"라고 말했지. 세계를 구할 시간이 한 시간 주어질 경우 어떻게 하겠느냐는 질문에 문제가 무엇인지를 규정하는 데 55분을 쓰고, 해결책을 찾는 데 나머지 5분을 쓰겠다는 대답이었어. 문제 해결 능력 못지않게 문제 '발견' 능력이 중요한 거야. 그러나 우리 교육에서 스스로 궁금한 것이나 모르는 것을 찾아내 그에 대한 답을 찾아가는 학습은 절대적으로 부족하지.

질문은 세 가지 측면에서 '시작'이야. 첫째, 질문은 탐구의 시작이야. 질문은 호기심에서 나오고, 질문을 던진 이상 답을 찾기 위한 탐구를 시작하기 때문이지. 둘째, 질문은 소통의 시작이야. 누군가 질문을 하고 다른 누군가 대답을 해야만 소통이 완성되기 때문이지. 마지막으로, 질문은 미래의 시작이야. 과거의 방법으로 지금 여기의 문제를 해결하기 어려울 때 비로소 질문이 시작되기 때문이지. 그렇게 질문을 시작으로 새로운 방법을 찾아서 미래를 만드는 거야. 따라서 질문이 없는 사회는 미래도 있을 수 없어.

역사에서 위대한 발견을 한 인물들은 '자신이 평생 풀어야 할 의문과 문제'를 스스로 찾아냈어. 아이작 뉴턴(1642~1727)은 "사과는 왜 아래로 떨어질까?"라고 묻고 나서 만유인력의 법칙을 발견했어. 아인슈타인은 "빛의 속도로 달리면 빛은 어떻게 보일까?"라는 의문을 물고 늘어진 끝에, 상대성 이론을 발견했지. 기존의 답을 반복하기보다 새로운 물음을 던졌던 이들이 역사에서 새로운 변화를 만들어냈어. 그래서 배운다는 것은 '정답'이 아니라 '물음'을 익히는 거라고 할 수 있어. 무엇에 대해 질문해야 할지, 어떤 질문이 좋은 질문일지에 대해서 말이야.

교육은 의문을 품고 질문을 하게 만드는 일이지. 나만의 관점으로 세상과 사회의 문제를 찾아가도록 하는 거야. "딸은 왜 재산을 상속받을 수 없을까?"(메리 울스턴크래프트), "자본가는 부유한데 노동자는 왜 가난할까?"(마르크스), "여자들은 왜 코르셋으로 허리를 조이고 치마를 땅에 끌고 다녀야만 할까?"(코코 샤넬), "흑인은 왜 버스 구석에 앉아야 할까?"(로자 파크스), "여성은 왜 투표권을 갖지 못할까?"(에멀라인 팽크허스트) 등은 수 세기 동안 나만의 관점을 가진 이들이 세상과 사회에 던진 질문들이야.

미국 변호사 클래런스 대로우(1857~1938)는 "이 세상이 계속되는 한 문제는 존재할 것이다. 반대하거나 저항하는 사람이 없다면 그 문제는 영원히 계속될 것이다"라고 말했어. 미래를 가로막는 인습에 대한 반대나 저항의 의사 표시가 바로 질문에서 시작되지.

학생이라면 학습뿐만 아니라 학교생활, 규칙 등 무엇이든 질문할 수 있어야 해.

"학교에서 여러분은 두려움 없이 읽고 쓰고, 선생님에게 질문할 수 있습니다. 자유는 모든 어린이들의 권리입니다."

프랑스의 초등학교 〈시민교육〉 교과서에 나오는 말이야. 우리는 어떨까? 질문은 어른인 교사가 나이 어린 학생에게 던질 뿐이야. 질문할 수 있는 것과 질문할 수 없는 것이 구분된다면 그곳을 진정한 학교라 할 수 있을까? 독재국가에는 질문이 없어. 독재자는 질문을 싫어하고 허용하지 않아. 질문은 힘이 세기 때문이야. 질문은 독재를 무너뜨리고 민주주의를 부르며 새로운 세상을 싹 틔우지.

학교는 사색의 공간이 되어야 해. 영어 'school'이나 프랑스어 'école'은 그리스어 'schole'에서 나왔는데, 이는 '여가', '한가한 시간', '한가함을 누리는 것' 등을 의미하지. 그러니까 학교는 '사색을 즐길 수 있는 시간적 여유'라는 의미에서 '사색이 가능한 장소'를 가리키는 말이 됐어. 학교가 사색을 하는 곳이라면, 그에 가장 부합하는 장소가 바로 도서관일 거야. 학교가 생각을 키우는 곳이라면, 도서관은 학교의 심장이라 할 수 있어.

인터넷은 도서관을 대체할까

독서는 대화야. 독서를 통해 우리는 나 자신과, 그리고 또 다른 누군가와 이야기를 나눌 수 있지. 저자의 생각을 읽고 나의 생각을 더하는 것 역시 대화라고 볼 수 있으니까. 멀리 있어서 만나기 어려운 사람들과 대화하는 것도 가능해. 공간적으로 떨어진 사람들뿐만 아니라 시간적으로 멀리 존재한 사람들도. 책의 힘을 빌리면 시공을 초월한 대화가 가능하지. 그런 의미에서는 인터넷이 책과 비슷하기도 해. 인터넷을 통해 세계로 연결되니까. 공간의 확장이지.

하지만 인터넷이 책을 완전히 대체할 수는 없어. 책과 인터넷의 차이는 무엇일까? 학교로 치자면 도서관과 컴퓨터실의 차이는 무엇일까? 이 질문에 정확히 답하려면 '지식과 정보'의 다름을 살펴볼 필요가 있어.

인지과학자들은 앎의 단계를 자료, 정보, 지식 등으로 나눠. 먼저 '자료'는 목적도, 구분도 없이 흩어져 있는 상태의 각종 재료를 뜻해. 자료를 많이 습득하면 공부에 도움될 수는 있지만, 자료 습득 자체가 공부는 아니야. 인터넷 검색창에 검색어를 넣으면 무수한 자료들이 쏟아지잖아. 이런 자료들을 굳이 외우고 머릿속에 담아둘 필요는 없지.

자료가 의미를 가지려면 적절한 가공을 거쳐야 해. 가공을 통해 일정한 규칙을 부여받으면 '정보'가 되지. 즉 정보는 구분과 목적이 지정된 자료라고 할 수 있어. 따라서 정보는 반드시 '~에 대한 정보'로 존재해. 검색창에 '오승현'을 치면 수많은 자료에서 오승현과 관련된 것들이 나오지. 바로 '오승현에 대한 정보'야. 인터넷에는 이처럼 '자료'와 '정보'가 넘쳐흘러.

여기, 한 책이 있어. 표지에는 'Michel Foucault', 'Histoire de la folie a l'âge classique', 'tel gallimard' 등이 써 있어. 이것만 봐선 책의 내용을 전혀 알 수 없지만, 인터넷을 이용해 이 두꺼운 책에 대한 정보를 알 수 있지. 첫째,《광기의 역사Histoire de la folie a l'âge classique》라는 책은 미셸 푸코(1926~1984)가 1961년에 출간했고 둘째, 이 책은 미셸 푸코의 박사학위 논문이며 셋째, 이 책은 총 3부로 구성되어 있다…….

이때 수많은 검색 결과 중에 자신이 원하는 정보를 찾는 능력이 중요해. 정보는 분류하는 기준에 따라 가치가 달라지거든. 얼마나 정교하게 분류 기준을 세우느냐가 핵심이야. 공부에 적용한다면 학교나 학원, 인강 등에서 습득한 많은 자료를 핵심 개념과 중요도, 출제 빈도 등에 따라 정리하고, 필요할 때 적절히 꺼낼 수 있는 능력이 공부를 잘하는 비결이지. 인터넷 검색창으로 생각한다면 적합한 검색어를 입력하는 게 중요해. 검색어를 좁혀나가는 능력이 열쇠인 거야.

　그런데 《광기의 역사》에 대한 정보를 아무리 많이 찾았더라도 그건 《광기의 역사》에 대한 정보이지, 《광기의 역사》라는 책의 내용은 아니야. 정보의 질을 아무리 심화시켜도 우리가 손에 얻을 수 있는 것은 《광기의 역사》에 대한 정보일 뿐이야. 책에 관한 외적 정보에 불과하지. 아무리 많은 정보를 확보했다 해도 《광기의 역사》를 읽지 않고서는 《광기의 역사》를 제대로 안다고 말할 수 없어. 책의 의미, 즉 '지식'은 책을 읽어야만 얻을 수 있지. 이게 바로 컴퓨터실과 도서관의 차이가 아닐까? 컴퓨터실에서 정보를 찾을 수 있다면, 도서관에서는 지식을 얻을 수 있어.

　사실 지식은 좀 더 넓은 개념이야. 필요한 정보를 그때그때 꺼내 쓰는 능력을 넘어서 일반적인 원리를 찾아내는 능력까지를 지식이라 할 수 있거든. 즉 개별적인 상황들을 관통하는 원리를 찾아 일반화하는 거지. 이런 일반화 능력을 갖추려면 무엇이 필요할까? 풍부한 경험이 필요하지. 풍부한 경험이 있어야 다양한 상황을 아울러서 일반적인 원리를 끄집어낼 수 있거든. 그러려면 우선 여러 상황을 다양하고 깊이 있게 경험해봐야겠지. 또, 자신이 가진 정보들을 이리저리 짜맞춰서 적용해본 경험이 있어야 할 거야.

그런데 우리가 할 수 있는 직접경험은 제한돼 있어. 따라서 간접경험을 통해 경험의 폭을 넓힐 필요가 있지. 이때 가장 좋은 수단이 바로 독서야. 유한한 인생에서 다양한 경험을 할 수 있는 길은 역시 독서만 한 게 없거든. 밀란 쿤데라(1929~)는 왜 책을 쓰는 작가가 됐느냐는 질문에 '여러 인생을 살 수 있기 때문'이라고 답했어. 도서관에 가서 책을 읽으면 세상만사와 인간 만사를 경험할 수 있어.

정신의 치료제이자 민주주의의 백신

책은 단지 지식을 쌓게 해주는 데 그치지 않아. BC 1000년경 고대 그리스 도시인 테베의 도서관 정문에는 '영혼을 치료하는 장소The Healing Place of the Soul'라는 글이 걸려 있었고, 중세 스위스의 장크트갈렌 수도원 도서관에도 '영혼을 위한 약상자 Medicine Chest for the Soul'라는 글이 새겨져 있었어. 책은 때때로 약이 되곤 하지. 고대 그리스 철학자 아리스토텔레스는 《시학Poetics》에서 카타르시스에 대하여 논하면서 문학을 비롯한 예술이 정신적 치료를 수행할 수 있다고 설명해. 카타르시스는 '배설·정화'를 뜻하는 그리스어로, 작품을 감상하는 과정에서 부정적

감정을 발산시켜 마음을 정화하는 걸 뜻하지. 프랑스 사상가 몽테스키외(1689~1755)도 "나는 한 시간 정도만 책을 읽어도 마음의 모든 고통이 사라진다"라고 했어.

실제로 독서는 환자 치료에 쓰이지. 서양에서는 일찍이 독서가 병을 치유하고 사람들의 정서와 영혼을 어루만지는 효과가 있다는 것을 발견해 치료에 적극 활용해왔어. 문학 치료, 독서 치료라고 부르는 분야야. 16세기 프랑스 작가이자 의사였던 프랑수아 라블레(1483~1553)는 처방전에 문학 작품을 적어준 것으로 유명하지. 19세기부터 정신 질환을 치료하는 데 문학 작품을 활용하는 독서 요법Bibliotherapy이 시작됐고 1960년대에 널리 퍼졌어. 우울증, 정서불안, 주의력결핍 과잉행동장애ADHD 등을 해결하는 데 독서가 이용되고 있지.

인류에게 책은 지식의 보고이자 마음의 치료제로 소중한 자산이지만, 어떤 이들에게는 그렇지 않았어. 앞서 소개한 《화씨 451》처럼 책을 불태운 역사가 실제로 있었지. 고대에는 진나라 진시황의 분서경유가 있었고, 제2차 세계대전 때는 독일 나치(히틀러를 당수로 한 독일의 파시스트당)가 그랬어. 1933년 나치는 에밀 졸라, 카를 마르크스, 프란츠 카프카 등 131명이 쓴 2만여 권의 책을 불태워버렸어. 그들은 왜 책을 태웠을까? 체제 입장에서 '생각'은 시한폭탄이기 때문이지. 책이 궁극적으

유리판 아래로 텅 빈 책장을 내려다볼 수 있게 만든 조형물 〈도서관〉은
당시를 기억하기 위해 분서가 일어난 그 자리에 세워졌다.

로 생각을 하게 만들고, 그 생각은 종국에 체제 비판으로 이어
질 수 있거든. 생각에는 한계도 장벽도 없으니까. 무엇이든 따
져 묻는 게 '생각'이잖아.

나치가 책을 불태웠던 베를린의 베벨 광장 바닥에는 작은
유리창 하나가 설치돼 있지. 투명한 유리창 아래 지하 공간에
는 텅 빈 책장이 사면에 있어. 이스라엘 미술가 미하 울만의 작
품인 〈도서관〉이야. 휑하니 빈 책장만이 무거운 침묵으로 관람
객을 맞이하지. 이 작품은 단순히 책이 귀하다는 사실만을 말
하고 있는 건 아냐.

현대 독일문학을 대표하는 귄터 그라스(1927~2015)는 적극
적인 정치 참여로 유명한 작가였어. 노벨문학상을 수상하기도

했지만, 책을 벗어나 몸소 참여했던 것으로 유명했지. 자원 봉사단을 꾸려 유세를 도왔고 선거 연설도 마다하지 않았어. 연설회는 콘서트처럼 입장료를 받았지만 늘 사람들로 붐볐어. 그렇게 벌인 수익금으로 군대에 도서관을 지어줬어. 전쟁의 참상을 직접 겪은 그는 군대가 민주화돼야 사회가 민주화될 수 있으며, 민주적인 군대가 민주주의의 초석이라고 생각했거든.

군대와 민주주의, 그리고 도서관이 어떤 관련이 있기에 귄터 그라스는 군대에 도서관을 지어줬던 걸까? 영화 〈뉴욕 라이브러리에서〉(2017)에는 "도서관은 민주주의를 지탱하는 기둥이다"라는 대사가 나오지. 민주주의의 중요한 가치는 자유와 평등이야. 도서관에서는 누구나 자유롭게 방대한 지식에 접근할 수 있지. 성별, 인종, 장애 등에 차별받지 않고 평등하게 책을 볼 수 있어. 또한, 책에 담긴 수많은 생각과 의견들은 민주주의의 다양성에 기여하지. 특별히 비판 정신이 중요해. 비판 정신은 민주주의를 건강하게 만드는 항체와 같거든.

그것은 단지 서막이었다. 책을 불태우는 곳에서, 결국 사람도 불태우게 될 것이다.

베벨 광장의 〈도서관〉에 새겨진 시인 하인리히 하이네의 글귀야. 하이네는 분서 사건이 벌어지기 이전 사람이었어. 그런데 마치 미래를 예언한 것처럼 나치는 실제로 수많은 사람을 불태웠지.

책은 인간 정신의 결정체라고 할 수 있어. 인류가 살아온 역사, 살아갈 미래가 모두 책에 담겨 있거든. 어떻게 보면 책이 곧 인간 정신인 셈이지. 책을 함부로 태워 없애는 곳에서는 언젠가 사람마저 불태워지는 일이 생길 수 있는 이유야.

3

음악실
미술실
체육관

기적을 일구는 수업

"모든 사람은 예술가다."

– 요제프 보이스(화가, 1921~1986)

우리나라 교육의 시간은 거꾸로 간다

1890년 설립된 시카고대학교는 개교 초기에 삼류 대학이었어. 그런데 지금은 시카고대 출신 노벨상 수상자가 무려 91명이나 돼. 그 저력은 어디에서 왔을까? 시카고대의 변화는 1929년 로버트 허친스(1899~1977)라는 사람이 총장으로 부임하면서 시작됐어. 그가 가장 먼저 도입한 것이 '시카고 플랜'이지. 학생들에게 고전 100권을 달달 외울 정도로 읽힌 거야. 그 결과 시카고대는 삼류 대학에서 세계 최고의 명문 대학으로 발돋움했지. 시카고대의 고전 읽기는 지금도 계속되고 있어.

고전 읽기를 강조하는 건 시카고대만이 아니야. 미국의 대학 대부분이 고전 교육의 중요성을 강조하지. 미국 대학들이 중요시하는 또 하나는 음악 교육이야. 가령 컬럼비아대에 1947

년 개설된 '음악 인문학'은 재학생 전원이 필수로 들어야 하는 과목이야. 강의실에서 강의와 음악 감상이 이뤄지고, 콘서트홀에서 공연을 본 후 비평과 토론이 진행되지. 하버드대, 스탠퍼드대, 예일대, 매사추세츠공과대MIT 등도 전공자가 아니어도 들을 수 있는 '음악과 인간', '음악과 사회', '음악과 수학' 등 다양한 음악 교양과목을 개설하고 있어.

교양으로서 음악 교육의 역사는 오래됐어. 동양에서는 주周 시대에 필수 과목으로 육예六藝를 정하면서 여기에 음악을 넣었어. 육예는 곧 예禮·악樂·사射·어御·서書·수數인데, 각각 예절, 음악, 활쏘기, 말타기, 서예, 수학을 말한단다.

서양에서도 음악 교육을 강조했지. 13세기 중세 시대에 대학이 처음 생길 때 학예학부liberal arts가 제일 먼저 생겼는데, 학예학부는 우리나라로 치면 교양학부라고 할 수 있어. 학예학부에서는 문법, 수사학, 논리학, 산술, 기하학, 천문학, 음악 등을 배웠고, 이런 과목을 배워서 교양을 갖춘 사람을 '자유인'이라고 불렀지.

교양 교육을 강조하는 것은 유럽 대학의 오랜 전통이야. 이런 전통이 미국으로 고스란히 건너와서 지금의 미국 대학을 만들었다고 보면 되지. 하버드대를 비롯해 이른바 아이비리그라 불리는 9개 명문 대학은 교양과목을 중심으로 하는 학풍을 유지하고 있어. 반면 우리나라 대학은 교양과목을 홀대하지. 한국 대학교육협의회의 2014년도 〈우리나라 4년제 대학 교양 교육 현황 실태 분석 연구〉에 따르면 4년제 대학의 전체 교육과정 중 교양과목의 비중은 18.69퍼센트였어. 하버드대 29~35퍼센트, 예일대 36~42퍼센트, 오하이오주립대 38~57퍼센트와 비교하면 차이가 크지.

"문송합니다"라는 신조어가 한때 유행했어. "문과라서 죄송합니다"의 줄임말인데, 문과생이 이과생과 비교해 취업률이 훨씬 떨어지자 이를 비관해 하는 말이었지. 이러한 상황 변화는 대학의 학과 운영에도 큰 영향을 미치고 있어. 철학과, 사학과 등이 점점 폐지되고, '음악의 이해' 같은 교양과목이 거의 사라지고 있는 거야.

중·고등학교도 사정은 다르지 않지. 중·고등학교에서 예체능 수업은 찬밥 신세를 면치 못하거든. 교실에서 이론 수업을 하거나 아예 자율학습 혹은 영·수 보충 수업으로 대체되는 경우도 있으니까 말이야. 교육이 입시 위주로 흘러가다 보니 그런 과목들은 대학에 가서 해도 된다고 여기는 거야. 하지만 정작 대학에서 그런 과목과 학과가 사라지고 있으니 문제지.

예체능 교육의 놀라운 힘

독일 시인 프리드리히 실러(1759~1805)는《미학 편지Briefe über die ästhetische Erziehung des Menschen》에서 '인간은 인간인 한에서만 놀이하며, 또한 놀이하는 한에서만 온전한 인간'이라고 했지. 유아용 애니메이션 〈뽀롱뽀롱 뽀로로〉에서 뽀로로가 늘 하는 말처럼 어린이나 어른이나 "노는 게 제일 좋아!"가 아닐까? 학교 수업 중에서도 학습 부담이 상대적으로 적은 수업들이 있어. 그나마 부담 없이 참여할 수 있는 예체능 수업들이지. 물론 이들 수업이 단순히 시간 때우기 놀이에 불과한 건 결코 아니야. 예체능 과목 수업들의 효과는 무엇일까?

2015년 마이크로소프트사가 2000년 이후 태어난 미국 청소년 2천 명을 대상으로 '집중력'에 대한 연구를 진행했어. 연구 결과는 충격적으로 미국 청소년들이 물고기보다도 집중력이 떨어지는 것으로 나왔단다. 산만하다고 알려진 금붕어가 집중하는 시간은 9초인 반면에, 청소년들의 집중 시간은 평균 8초에 불과했어.

집중력을 키우려면 어떻게 해야 할까? 뛰어난 공부법을 배운다거나 집중력 훈련을 따로 받으면 될까? 2012년 EBS에서 방영된 〈학교 체육, 미래를 만나다〉라는 다큐 프로그램(다큐프

라임의 '학교 체육' 3부작 중 하나)을 보면, 해답이 의외의 곳에 있다는 사실을 알게 되지. 방송에서는 수업에 집중하지 못하는 아이들에게 수업 전이나 1교시에 체육 활동을 시켰어. 결과는 놀랍게도 아이들의 집중력이 향상됐지. 호흡이 활성화되면서 다량의 산소가 뇌에 공급되고 몸이 유연해진 덕분에 결국 집중력이 좋아졌다는 거야. 운동을 통한 집중력 향상 효과는 두 시간 넘게 지속된다고 해.

과학전문지 〈뉴사이언티스트New Scientist〉는 운동, 수면, 식사 같은 생활 습관이 두뇌 활동을 활성화한다는 연구 결과를 발표하면서 머리가 좋아지고 싶다면 책만 볼 게 아니라 생활 습관부터 바꾸라고 조언했어. 특히 두뇌 활동을 촉진하는 중요한 방법으로 운동에 주목했지. 일주일에 세 번, 1회에 30분만 운동해도 학습 능력과 집중력이 15퍼센트나 좋아지는 것으로 나타났어. 운동을 하면 건강해지고 체력이 좋아지지. 그런데 건강만 좋아지는 게 아니라 기분이나 기억력도 좋아지는 거야. 미국의 예술교육협력단Arts Education Partnership이 수년간 조사한 결과 음악과 연극 등 예능 교육 역시 수학과 읽기 성적 향상에 기여한 것으로 나타났어.

예체능 수업에는 또 다른 중요한 효과도 있어. 바로 정서적 안정과 자존감 회복이야.

"주요 과목이 아닌 예체능 수업 시간이 되면 마음이 한결 가벼워져요. (…) 마음이 편해서 그런지 아이들도 수업 시간에 활발해져요. 졸고 있는 아이들은 한 명도 없는 즐거운 시간이에요."

한국청소년문화연구소가 2017년 작성한 〈청소년이 학교생활에서 느끼는 행복감〉이란 보고서에서 어떤 학생이 한 말이야. 예체능 수업은 정서적 안정과 자존감 회복뿐만 아니라 표현력과 창의력 향상에도 도움을 주지.

스코틀랜드에서는 2007년부터 빈곤 지역 아동들을 대상으로 오케스트라 교육을 방과후 프로그램 형태로 시행하고 있어. 2011년 보고서에 따르면, 오케스트라 교육을 받은 학생들은 학습 참여도와 학업 성취도가 높아졌고, 건강을 해치는 부정적 행동이 줄어들면서 가족, 고용주, 지역사회 등에 긍정적 영향을 가져왔으며, 구직에 필요한 능력도 향상된 것으로 나타났어. 부모들을 대상으로 설문 조사한 결과는 더 놀라웠지. 부모의 100퍼센트가 아이들의 자신감이 향상됐다고 말했고, 93퍼센트가 아이들의 행복도가 올라갔다고 답했으며, 79퍼센트는 아이들의 집중력이 좋아졌다고 답변했어.

학교는 기본적으로 실패로 학생들을 길들이곤 해. 실패는 대개 '성적'과 관련되지. 교실 안에는 수많은 서열이 존재하는 데, 가장 대표적으로 등수라는 서열이 자리 잡고 있지. 보통의 수업은 정해진 정답 아래서 진행되기 마련이야. 정답이 있다는 건 정답을 가르치고 아이들의 오답과 오류를 잡아준다는 의미가 되지. 그 과정에서 '정답'을 바로 맞히지 못한 많은 아이들이 기가 죽거나 위축되기도 해.

반면 예술 수업에서는 자유로운 자기표현이 가능하지. 예술에는 정해진 정답이 없거든. 정답이 없다는 것은 다른 말로 성패가 따로 없다는 뜻이야. 덕분에 예술 교육은 실패에 지친 학생들에게 성취감을 느끼게 해주지. 그 과정에서 예술은 우리에게 살아가는 데 필요한 자기만족감과 자존감을 안겨준다. '인생에는 가치의 우열을 가릴 수 없는 여러 길이 있다'는 사실을 우회적으로 가르쳐주는 것이 바로 예술 교육이지.

삶을 준비하는 진짜 공부

좋은 교육이란 무엇일까? 입시 위주의 절름발이 교육 말고 '진짜 공부'를 한다는 건 뭘까? 시험을 잘 보고 좋은 대학에 가는 게 다가 아닐 거야. 공부를 한자로 쓰면 '工夫'야. 이걸 중국어로 읽으면 어떻게 될까? '쿵푸'야. 헉, 공부가 쿵푸라고? 그래, 쿵푸 하면 영화 〈쿵푸 팬더〉가 가장 먼저 떠오르겠지만, 그 쿵푸가 바로 공부야. 정확히는 쿵푸의 현재 한자어는 '功夫'지. 다만 '工夫'와 '功夫'의 어원이 같다고 해. 공부란 자고로 몸으로 하는 것이라는 사실을 확인할 수 있어.

"나는 떡을 썰 테니, 너는 글을 쓰거라."

한석봉이 학업을 중단하고 집으로 돌아온 이야기는 유명해. 이 일화에서 우리는 떡을 써는 것과 글을 쓰는 것이 저마다의 공부라는 걸 발견할 수 있어. 판소리 소리꾼들은 득음을 하는 수련 과정을 '소리 공부'라고 부르지. 중세의 수도사들은 산책을 하면서 경구를 암송했어. 조선의 선비들도 몸을 좌우로 흔들며 소리 내서 책을 읽었지.

미국 시인 아치볼드 매클리시(1892~1982)는 "우리는 우리의 지식을 느끼지 않는다. 감정 없는 지식은 지식이 아니며 대중을 무책임과 무관심으로 이끌 것이고, 상상하건데 결국은 파멸로 인도할 것이다"라고 말한 바 있어. 미국 심리학자 칼 로저스(1902~1987)는 그의 말을 인용하면서 지식만을 편식하는 교육에 일침을 가하지. '감정 없는 지식'은 죄책감 없이 잔혹한 일을 저지르게 만든다고 말이야. 무고한 목숨을 무수히 앗아간 아우슈비츠의 부역자들이 "나는 단지 명령에 따랐을 뿐이다"라고 앵무새처럼 반복해 말한 것이 이를 증명해.

아우슈비츠 강제 수용소 입구. 아우슈비츠 강제 수용소에서 수많은 유태인의 목숨을 앗아가는 데 부역한 이들은 단지 명령에 따랐을 뿐이라고 말했다.

칼 로저스는 《사람 중심 상담A way of being》을 통해 '이상적인 학습이란 인지적 차원, 감정적 차원, 그리고 창자 차원에서 통합적으로 배우는 것'이라고 했어. 창자 차원이란 말이 생소하지? 창자 차원은 온몸으로 배우는 경험적 학습을 뜻해. 이 세 가지는 우리 선조들이 강조한 지智 · 덕德 · 체體 교육과도 비슷하지. 현대적으로 해석하면 지는 지성, 덕은 인성, 체는 감성을 뜻해. 칼 로저스가 제시한 이상적 학습을 쉽게 말하자면 '전인全人 교육'에 가깝다고 할 수 있어. 즉 '지식 중심 교육'에 '정서 함양 교육'과 '경험적 학습'을 더해야 한다는 거야. 그래야만 자기 스스로 생각하고 자기 행동에 책임지는 독립적 개인이 가능하다는 거지. 자기 결정과 행동에 대해 스스로 생각해보지 못한 인간은 그 결과에 대해서도 책임지려 하지 않아. 자기는 시키는 대로만 했다고 여길 테니까. 아우슈비츠의 부역자들처럼 말이야.

여전히 '지식은 공부의 고갱이'인 건 맞지만, 지식만 채우는 공부는 공허해. 공부는 머리로만 하는 게 아니라 몸과 마음으로 하는 거야. 내 몸으로 느끼고 부딪치고 체험해야 해. 미국 철학자 존 듀이(1859~1952)는 《민주주의와 교육Democracy and Education》에서 "1온스의 경험이 1톤의 이론보다 낫다"라고 말했어. 자전거 타기에 대한 지식을 아무리 많이 학습한들 자전거를 한 번 타보는 것에 미치지 못하지. 민주주의에 대해 빠삭하게 안다 한들 학교에서 민주주의를 직접 경험하는 것보다 못해. 공부를 지식 습득으로 한정해버리면 앎과 삶이 분리되지.

또한, 공부는 함께 어울려 하는 것이기도 해. 그래서 공부는 대화에 기반하기 마련이야. 독백으로서의 공부는 한계가 있어. 가령 영어 공부할 때 단어를 소리 내서 외우지 않고 써가면서 외우면 어떻게 될까? 영어로 막상 대화하기는 좀 어려울 거야. 혼자 영어를 공부하더라도 소리 내서 읽는다면 '읽는 나'와 '듣는 나'를 전제하는 셈이야. 대화적 구조인 거지. 예체능 교육은 이런 상호성에 바탕을 두고 있어. 단체 경기를 통해서는 팀워크, 협동심, 어울림 등을, 개인 경기를 통해서는 페어플레이, 상호 존중 등을 배울 수 있지.

사회적 상호 작용이 부족한 주입식 교육을 과도하게 시키면 정서 불안을 불러오고 사회 지능을 떨어뜨릴 수 있어. 반면 예체능 교육은 사회 지능을 높이지. 예체능 교육은 의사소통 능력을 길러주고 사회성을 향상시키거든. 국내에서 예술 교육을 받은 학생들을 대상으로 시행한 검사에서 학생들의 협동심이 향상된 것으로 나타났어. 타인과 함께하는 과정을 통해서 다른 사람과 어떻게 어울려 살아갈지를 배우고 익힐 수 있지. 서로의 경험을 공유하며 삶을 확장해나가는 거야. 그렇게 앎은 삶과 이어지지. 교육학자 에두아르드 린드만(1885~1953)은 교육은 인생을 준비하는 일이 아니라고 했어. 교육은 곧 삶, 그 자체라고 말했지.

청소년기는 자아를 형성하고 우정을 나누며 미래를 꿈꾸는 소중한 시기야. 세상을 이해하고 살아가는 데 필요한 지식과 교양을 얻고 다른 사람과 어울려 사는 법을 배우는 시기지. 그러나 지금의 교육은 삶을 가꾸는 데 부족해. 입시 경쟁은 성적과 등수에 모든 에너지를 쏟아붓게 해서 성장기에 일구고 가꿔야 할 것들을 놓치게 만들거든. 그래서 오스트리아 철학자 이반 일리치(1926~2002)는 "우리가 아는 것의 모든 것들은 학교 밖에서 배운다"라고 꼬집었지.

학교, 학원, 학교, 학원……. 지식만을 배워서는 진정한 어른이 될 수 없어. 우리 사회에 성장하지 못한 어른들이 즐비한 이유도 그 때문이 아닐까? 몸이 자라는 성장만 하고 마음과 정신이 자라는 성장은 하지 못한 채 어른이 된 어른들 말이야. 어른이 될 시간도 없이 어른이 되어버린 어른들이지. 학교는 앎만을 채우는 공간이 아니라 삶을 준비하는 공간이 되어야 해. 덴마크 교육자 니콜라이 그룬트비(1783~1872)가 강조한 것처럼 아이들이 '학교를 위한 삶'이 아닌 '삶을 위한 학교'에 다닐 수 있도록 앎만을 채우는 교육이 아니라 삶을 가꾸는 교육으로 바꿔가야겠지.

빈민가에서 피어난 기적

"아이들은 작품의 복잡성이나 미술사적 위치에 대한 이해나 지식 없이도 작품을 느끼고 공감할 수 있다. 아이들은 어른보다 더 직접적으로 사물들을 경험한다. 결국 예술은 이해되는 것이 아니라 경험하는 것이다."

영국 조각가 앤서니 곰리(1950~)의 말이야. 예술이 이해되는 게 아니라 경험하는 것이라면, 예술 교육은 가르치기보다 느끼게 해야겠지. 즉 예술 교육에서 지식을 주입하는 것보다 느낌을 불어넣는 것이 더 중요한 거야. 느끼지 못하면서 기능과 기교만 배우면 금세 싫증을 내고 그만두게 될 테니까.

삶을 가꾸는 교육으로 바뀌어야 할 이때, 예술 교육을 이야기하는 까닭은 뭘까? 먼저 역사학자 유발 하라리(1976~)가 2016년 한국에 왔을 때 했던 이야기를 들어보자.

"현재 학교에서 아이들에게 가르치는 내용의 80~90퍼센트는 그들이 40대가 됐을 때 전혀 쓸모없을 확률이 크다. 어쩌면 지금 아이들은 선생님이나 연장자에게 배운 교육 내용으로 여생을 준비하는 게 불가능한 역사상 첫 세대가 될지 모른다. 우리가 아이들에게 가르쳐줄 가장 중요한 기술은 '어떻게 해야 늘 변화하면서 살 수 있을까', '어떻게 해야 내가 모른다는 사실을 직면하며 살 수 있을까'일 것이다."

유발 하라리는 지식을 가르치는 것의 한계를 지적하고 있어. 그러면서 "모르는 걸 직면하면서 사는 게 중요하다"라고 덧붙이지. 그게 왜 중요할까? 그래야만 '알려고' 할 테니까. 소크라테스(BC 470~BC 399)의 "너 자신을 알라"는 말은 사실 '너 자신이 모른다는 사실을 알라'는 뜻이야. 사람은 자신이 모른다는 사실을 깨달을 때만 알려고 하지. 인공지능 시대, 무엇을 어떻게 배워야 할지 막막할 거야. 경직된 사람은 미래 사회에서 버티기 힘들지. 사고가 굳어 있고 변화에 둔감한 사람은 적응하기 어렵거든. 좀 더 유연해질 필요가 있어. 특히 배움에 있어서는 더더욱 그렇지. 그런데 이런 유연함은 바로 예체능, 특히 예능 교육을 통해서 길러질 수 있어. 예술에는 정해진 답이 없는 덕분에 좀 더 유연하게 생각하고 창조하는 능력을 키울 수 있지.

문제는 우리나라 부모들이 예체능 교육에 부정적이라는 거야. 어렸을 때는 놀이 미술이다, 발레다, 바이올린이다 다양하게 시키던 부모들도 아이가 고학년으로 올라갈수록 예체능 수업을 줄이고 입시 공부를 늘리지. 특히 자녀가 중·고등학교에 진학하면 더욱 그래. 일반고에서는 교육부 규정상 국·영·수 비율이 전체 교육과정의 50퍼센트를 넘지 못하도록 돼 있어. 그런데 자립형 사립고(이하 자사고)는 이 규정이 의무사항이 아닌 권장사항이야. 그러다 보니 일부 자사고의 경우 국·영·수 비율만 65퍼센트를 넘기도 하지. 결국 음악실, 미술실, 체육관에서 하는 예체능 수업 시간이 줄어든 거야. 이런 상황에서 예체능 교육이 설 자리가 있을까?

단기적으로만 보면 학부모들의 판단이 맞을지 몰라. 그러나 긴 시각에서 보면 그것은 오판일 수 있어. 당장 발등에 떨어진 불을 끄려다 진짜 중요한 경쟁력을 놓쳐버릴 수 있으니까. 단지 명문대만 나오면 다 끝나는 걸까? 그렇지 않다는 걸 잘 알잖아. 아이는 대학에 들어가서도, 대학을 졸업하고 나서도 수많은 관문을 통과해야 해. 때로는 좌절하는 순간도 있겠지. 인생의 지난한 여정을 통과하려면 자존감, 자신감, 유연성, 창의력 등이 반드시 필요해. 그리고 이런 자질들은 바로 예체능 교육을 통해서 얻어질 수 있어.

미국 시나리오 작가 토니 쿠시너(1956~)는 "예술은 사람을 변화시키고, 그 사람은 자신의 삶을, 자신의 이웃을, 자신의 지역을, 자신의 사회를, 그리고 세상을 변화시킨다"라고 말했어. '파벨라 페인팅 프로젝트Favela Painting Project'라고 혹시 들어봤니? 네덜란드의 두 청년 예술가와 지역 주민들이 협업해 낙후된 마을에 색을 입힌 대규모 미술 작업이지. '파벨라'는 브라질의 대표적인 빈민촌이야. 이 프로젝트는 일자리가 없어 빈둥거리던 지역 청년들에게 미술을 가르친 후 그들이 직접 어둡고 칙칙한 동네를 형형색색의 마을로 바꾸게 했지. 청년들은 페인트 작업으로 새로운 일자리를 얻을 수 있었어. 범죄율은 25퍼센트나 줄어들었고 하루 10만 명이 넘는 관광객이 찾으면서 지역 경제도 살아났지.

'엘 시스테마El Sistema'도 빠질 수 없지. 엘 시스테마는 베네수엘라의 빈민층 아이들을 위한 무상 음악 교육 프로그램이야.

두 명의 네덜란드 예술가가 기획한 '파벨라 페인팅 프로젝트'.
브라질의 대표적인 빈민촌이던 파벨라가 무지갯빛 활기찬 공간으로 바뀌었다.

1975년 경제학자 호세 안토니오 아브레우(1939~2018)가 설립해 가난, 폭력, 마약 속에서 희망을 잃고 살아가는 아이들에게 음악을 가르쳤어. 베네수엘라 어린이 20퍼센트 정도가 오케스트라 교육을 받고 있지. 지금까지 150만 명이 이곳을 거쳐갔어. 범죄와 마약에 손쉽게 노출될 수밖에 없는 빈민가 아이들이 엘시스테마를 통해 자신을 지킬 방법을 찾아갔지. 일자리를 찾으면서 개인이 가난에서 벗어나는 것과 동시에 지역의 범죄가 줄어들었고, 고용이 증가하면서 지역경제가 성장했어. 예술이 미치는 경제적·사회적 효과가 적지 않다는 걸 알 수 있지.

음악실 · 미술실 · 체육관

흔들리며 피는 꽃

"공부란 무엇인가?"

이 질문에는 여러 답이 가능할 거야. 나는 크게 세 가지가 중요하다고 생각해. 첫째는 '무엇을 담을까', 둘째는 '어떻게 이루어질까', 셋째는 '무엇을 추구할까'가 바로 그것이야. 첫 번째 물음에는 질문을, 두 번째 물음에는 공존을, 세 번째 물음에는 미래를 제시할 수 있겠지. 나와 너, 그리고 우리가 살아가는 세계에 대해서 본질적 질문을 던질 수 있어야 하고, 혼자가 아니라 함께 공부하면서 타인과 어울려 사는 법을 익히며, 자신의 잠재력과 가능성을 찾아 미래를 준비하는 것이 공부일 테지. 딱딱한 지식 공부가 교육의 다가 아닌 거야.

학교 교육은 내면에 숨겨진 씨앗과 무늬를 찾아 그것을 실현할 수 있도록 도와야 해. 따라서 교사가 주의를 기울여야 하는 것은 학생이 가진 재능과 소질, 관심일 거야. 부모와 학생 역시 교육을 재능과 소질, 관심을 발견하는 기회로 삼아야 해. 초등학교와 중학교는 특히 더 그렇지. 하지만 이것이 곧 학교가 재능과 소질을 만들어주는 곳이란 뜻은 아니야. 학교는 없는 재능과 소질을 갖게 해줄 수도, 나아가 능력을 만들어줄 수도 없어. 학생 개개인이 이미 가지고 있는 재능에 스스로 관심을 갖도록 유도해줄 뿐이지.

은행나무가 도토리를 맺지 못하고 떡갈나무가 은행을 맺지 못하는 것처럼, 그 사람에게 없는 재능을 만들어줄 순 없어. 교육은 재능과 소질을 끄집어내도록 돕는 일이야. 기껏해야 재능을 단련하고 키울 수 있도록 거들 따름이지. 피카소는 평생 아이처럼 그리려고 했어. 그런데 피카소가 평소에 즐겨 사용한 단어는 'pure(순수한)', 'naive(순진한)' 등이 아니라 'unlearn(잊다)'이었다고 해. 배운 것을 일부러 잊는다는 뜻이지. "모든 아이는 예술가로 태어난다"는 피카소의 말처럼 재능을 키우고 죽이고의 문제는 어른들의 교육 방식에 달려 있어. 교육 방식에 따라 누군가는 예술가로 남고, 누군가는 예술성을 잃지.

겹겹이 싸인 껍질을 벗고 꽃잎을 틔워 속살의 빛깔을 펼쳐 보이는 것, 삶은 그런 게 아닐까? 꽃이 벚꽃 하나만 있는 게 아니듯 아이들이 피워내는 꽃도 가지각색이야. 교실에서는 존재감이 없던 아이들이 축제나 캠프 등에서 눈부신 활약을 펼치기도 하지. 청소년이란 이렇게 '자기에게 어울리는 무대'에 따라 빛을 발하는 존재인 거야. 학교가 할 일은 다양한 무대에서 청소년이 자기를 찾을 수 있도록 돕는 일이지. 다양한 재능과 능력, 소질과 잠재력이 다양하게 꽃피울 수 있도록 말이야.

물론 기다려주는 자세는 필수겠지. 학교는 물건을 찍어내는 공장이 아니니까. 각자의 재능과 소질이 다르듯이 재능과 소질을 찾아 꽃피우는 속도도 저마다 다를 수 있지. 늦되다고 열등한 게 아니야. 서둘러 피는 벚꽃이 있는가 하면 한참 뒤에 피는 벚꽃이 있는 것처럼, 사람도 먼저 꽃을 피우는 이가 있고 나중에 꽃을 피우는 이가 있지. 학교가 할 일은 꽃씨가 눈밭에 떨어져도 버티고 살아남아 기어코 꽃을 피울 수 있는 힘을 길러주는 거지. 학교의 음악실, 미술실, 체육관은 바로 그런 힘을 키울수 있는 공간이야.

4
탈의실
보여주지 않을 권리

"교육에 비법이 있다면 그것은 학생 존중에 있다."

−랠프 월도 에머슨(시인, 1803~1882)

'자기만의 방'

능력 있는 남편과 사랑스러운 아이들, 그리고 크고 멋진 집. 남부러울 것 없는 수전은 매일 변두리 호텔을 찾아가지. 불륜일까? 엄마와 아내로 정신없이 살다가 어느 순간 가슴에 허망함이 스치면서 그녀는 변두리 호텔 19호실을 찾게 돼. 호텔 방에서 그녀는 아무것도 하지 않아. 그저 한나절 멍하니 앉아 있다 집으로 돌아올 뿐이야. 영국 소설가 도리스 레싱(1919~2013)이 쓴《19호실로 가다》의 내용이지. 19호실은 사회적으로 부여된 칭호, 즉 엄마, 아내, 며느리 등으로부터 자유로운 공간이야. 바꿔 말하면 어떤 역할도 강요받지 않는 공간이지.

어른들이 내 집 마련에 열을 내고 자동차에 집착하는 것도 그래서야. 집을 산다는 건 이 세상에 우리 가족만의 보금자리

마르셀 리더(1862~1942), 〈벽난로 앞에 있는 여인〉(1932), 소재지 미상.

를 마련한다는 걸 뜻해. 달리 말해 우리만의 공간을 장만하는 거지. 자동차도 마찬가지야. 자동차를 타고 있을 때 우리는 바깥세상과 차단돼. 복잡한 도심에서 한순간 사적인 공간이 생기는 거야. 전망 좋은 한강변 아파트는 사지 못하더라도 잠시 한강 둔치에 차를 대면 나만의 공간에서 좋은 전망을 즐길 수 있지. 또 원하는 곳 어디든 갈 수 있기도 하고. 나의 공간이 확장되는 거야.

자기만의 공간은 누구에게나 중요해. 어른이든 아이든 똑같지. 어릴 때 옷장이나 다락방 같은 데 몰래 숨어본 적이 한 번 쯤 있을 거야. 혼자만의 공간에 들어앉아 있으면 엄마 배 속 같은 편안함이 느껴지지 않아? 아이들이 캠핑을 좋아하는 데는 아늑한 텐트를 빼놓을 수 없을 거야. 캠핑을 갈 여유가 없을 땐 거실에 작은 인디언 텐트만 쳐줘도 아이들은 좋아하지.

외부와 격리된 자기 공간이 없을 때 사람은 예민하고 거칠어지곤 해. 미국 아동심리학자 브루노 베텔하임(1903~1990)은 나치 수용소에 1년간 수감됐었어. 수감 경험을 통해 그가 깨달은 것은 아우슈비츠에서 살아남은 이들이 어린아이와 같은 퇴행적 행태를 보인다는 사실이었지. 자기만의 공간이 사라졌을 때 인간은 자존심을 잃고 어린아이처럼 된다는 거야.

자기만의 공간은 중요하지만, 학교에서 이런 공간을 확보하는 건 다른 어느 곳보다 더 어렵지. 개인에게 내밀한 시간이 허락되는 공간은 화장실뿐이야. 그리고 화장실 못지않게 중요한 공간이 탈의실이지. 물론 탈의실이 없는 학교들도 많아. 탈의실을 갖췄다 하더라도 시설이 턱없이 부족하거나 부실한 곳이 많지. 탈의실이 없거나 부족한 탓에 많은 학생들이 불편한 학교생활을 하고 있어. 현대 건축의 아버지로 불리는 르코르뷔지에(1887~1965)는 '건축의 중심은 사람'이라고 봤어. 그렇다면 학교 건축의 중심은 학생이어야 하지 않을까?

개인의 존엄이 먼저다

2006년 국가청소년위원회에서 전국 남녀 중·고등학생 3,200명을 대상으로 실시한 조사에서 학교생활에서 인권 침해 사례라고 가장 많이 응답한 것이 무엇이었는지 아니? 교복과 두발 자유화, 휴대전화 통제 같은 것이었을까? 그렇지 않아. 의외로 탈의실 문제를 지적하는 학생들이 많았어. 탈의실이 없어서 교실이나 화장실에서 옷을 갈아입는 것을 인권 침해라고 답한 비율이 81퍼센트나 됐지.

조사가 이뤄진 지 10년이 훌쩍 지난 지금은 나아졌을까? 2019년 기준, 교육부에 따르면 전국 중·고등학교 10곳 중 3곳(34.8퍼센트, 5,690곳 중 1,980곳)에 탈의 시설이 아예 없지. 중학교는 1,059곳(32.3퍼센트), 고등학교는 921곳(38.2퍼센트)에 탈의 시설이 없는 상태야. 남녀공학인 학교들은 더욱 난감할 수밖에 없어. 서울시교육청에 따르면 2017년 4월 기준, 서울시 중·고등학교 704곳 중 탈의실을 갖추지 못한 학교는 47.6퍼센트(335곳)에 이르지. 탈의실이 없는 학교 중 42.7퍼센트(143곳)는 남녀공학이야.

남녀공학에서만 탈의실이 없어서 문제가 되는 건 아니야. 여자 학교든, 남자 학교든 다 마찬가지거든. 이것은 사생활의 문제야. 사생활 침해란 다른 게 아니야. 개인에 관한 사적인 여러 정보가 다른 사람에게 함부로 노출되고 악용되는 게 사생활 침해지. 여기에는 당연히 신체에 관한 정보도 포함돼. 특히나 청소년기는 신체 변화에 예민한 시기라서 신체에 대한 사생활 보호가 중요할 수밖에 없어.

같은 성별끼리라도 남에게 자기 신체를 보여주기 싫은 학생도 분명 있거든. 공중목욕탕과 비슷한 거 아니냐고? 결코 그렇지 않아. 목욕탕은 가기 싫으면 안 가도 되지만, 탈의실 없는 학교는 가기 싫어도 가야 하잖아. 체육 수업도 하기 싫다고 빠질 수 있는 게 아니고. 학교는 선택권 자체가 없는 거야.

탈의실 없는 학교에 다니는 학생들은 번거롭지만 화장실이나 교실 한쪽 구석에서 조심스럽게 옷을 갈아입는 수밖에 없어. 화장실 칸도 부족한 탓에, 친구들이 돌아가며 망을 보고 교실 텔레비전 수납장 뒤에서 갈아입는 식이라고 여학생들은 하소연하기도 하지. 탈의실이 설치된 학교라고 문제가 전혀 없는 건 아니야. 탈의실이 좁고 교실과 멀리 떨어진 학교에서는 쉬는 시간 10분 동안 옷을 갈아입기 어려워. 게다가 탈의실이 설치된 상당수 학교가 탈의 시설이 한 개뿐이라서 충분하지 않아. 그래서 어쩔 수 없이 교실에서 갈아입는 학생들이 많지. 상황이 이렇지만, 탈의실 설치 기준조차 마련돼 있지 않아.

탈의실이 없으면 체육 수업에 적극적으로 참여하기 힘들어. 청결에 민감한 여학생들은 더더욱 그렇지. 무더운 여름, 땀 때문에 찝찝하게 젖었는데 씻을 샤워장은 물론이고 젖은 체육복을 갈아입을 탈의실조차 없다면 어떻겠어? 끈적이는 몸과 눅눅한 속옷으로 다음 수업을 들어야 하는 상황은 고려하지 않은 채 열심히 체육 수업에 참여하라고 요구하는 게 과연 맞을까?

탈의실 문제를 제기하면 대수롭지 않게 생각하는 어른들이 있지. 학교 관리자들이 특히 그래. 그들은 예산이 부족하다며 예산의 효율적 집행을 중시하지. 그들에게 이 문제가 그다지 대수롭지 않은 이유는 성장기의 경험에서 유래해. 어렸을 때 자기 방을 가져본 사람은 손에 꼽을 정도거든. 그나마 젊은 교사들로 내려오면 늘어나긴 하지만. 그런데 요즘 학생들은 대개 혼자 방을 사용하지. 개인 공간을 둘러싼 세대 간 인식이 판이하게 다른 이유야.

2019년 7월 교육부 장관은 2021년 상반기까지 전국 중·고등학교에 탈의실을 100퍼센트 확충할 수 있도록 지원하겠다고 밝혔어. 좀 늦은 감은 있지만, 환영할 만한 결정이야. 학교 교육에서 가장 앞자리에 두어야 할 것은 개인의 존엄일 테니까. 개인의 존엄을 가르치는 것이 가장 먼저야. 그런 점에서 개인의 존엄을 지켜주는 탈의실은 기본 중의 기본이지.

혼자 있을 수 있는 권리

일본 작가 무라카미 하루키(1949~)는《직업으로서의 소설가職業としての小說家》에서 학교와 교육 문제를 논하면서 '개인 회복 공간'을 제시하지. 개인 회복 공간은 개인이 타인과 제도, 규율, 따돌림 등에서 벗어날 수 있는 공간을 뜻해. 복잡한 관계와 엄격한 질서에서 벗어나 잠시나마 안식과 위안을 얻는 장소야. 쉽게 말해 '일시적 피난 장소' 같은 거지. 사람은 개인 회복 공간을 통해 원래 상태를 되찾을 수 있어. 개인 회복 공간은 개인 공간의 중요성을 보여주지.

학교 탈의실이 개인 회복 공간과 무슨 관련이 있냐고? 옷을 갈아입는 행위는 지극히 사적인 행위야. 생각해봐. 집에서도 옷을 갈아입을 땐 최소한 문을 닫고 방에서 혼자 하잖아. 혼자만의 공간에서 옷을 갈아입을 때 심리적 안정감을 느끼게 되지. 학교에서도 개인 회복 공간이 필요해. 하지만 학교는 기본적인 탈의실조차 부족한 상황이니 개인 회복 공간까지 찾기란 거의 불가능하지. 건축가 김중업은 "사람에게는 혼자 울 수 있는 공간이 있어야 한다"라고 말했어.

영국 소설가 버지니아 울프(1882~1941)는《자기만의 방A room of one's own》에서 "여성이 소설을 쓰고자 한다면 돈과 자신만의 방이 있어야 한다"라고 했어. 여성 소설가만 그럴까? 누구나 자기 삶을 온전하게 유지하려면 자기만의 방이 있어야 해. 자기 생각을 펼치고 주체적으로 살려면 독립된 공간과 경제적 자립이 중요한 거야.《오만과 편견 Pride and Prejudice》의 제인 오스틴(1775~1817),《제인 에어 Jane Eyre》의 샬럿 브론테(1816~1855)는 식탁에서 글을 써야 했어. 당시 여성에게 주어진 공간은 부엌뿐이었거든.

사적 공간을 소유한다는 것은 곧 개인으로서 자유로울 수 있는 공간을 갖는다는 것을 뜻하지. 독립된 공간은 나를 지켜주는 울타리와 같거든. 사생활을 뜻하는 'privacy'의 어원은 '사람의 눈을 피하다'는 뜻의 라틴어 'privatue'로 '혼자 있을 수 있는 권리'라는 소극적 의미에서 시작했어. 홀로 있으려면 어떤 공간을 자기 혼자서만 점유해야겠지. 어떤 공간을 완전히 차지했을 때에야 온전한 사생활이 가능할 테니까. 그래서 자기 집, 자기 방이 가장 사적인 공간이 되는 거야. 이처럼 사생활은 사적 공간에 대한 완전한 점유와 밀접히 관련되지.

개인 공간과 인권은 밀접한 관련이 있어. 침수 지역의 이재민들은 대개 체육관 등 임시 주거 시설에서 생활하지. 사생활이 없는 공동생활의 불편함이 이만저만 아니야. 사적 공간이 없으면 사생활도 없다고 봐야지. 나아가 사적 공간이 없으면 인권도 불가능하다고 할 수 있어. 수십 명의 환자가 한꺼번에 수용된 중환자실에서는 임종조차 존엄하게 맞기 어려워. 정해진 면회 시간에만 가족과 만날 수 있고, 옆 병상 환자의 고통까지 지켜봐야 하니까. 만약 중환자실을 1인실로 바꾼다면 환자의 존엄을 좀 더 지켜줄 수 있지 않을까?

난민은 '장소'를 잃고 '공간'을 떠도는 존재들이야. 타국에서 그들이 머물 자리는 없지. 난민처럼 자기만의 장소place를 갖지 못한 사람들은 인권도 보장받지 못해. 이때 장소는 물리적인 장소(주거지)인 동시에 사회적인 공간space을 뜻하지. 사회적인 공간이란 사회 안에서 구성원으로 인정받고 수용되는 상태를 뜻해. 이주노동자도 마찬가지야. 홍콩에서 일하는 이주노동자 가사도우미들은 아무리 오래 홍콩에 머물더라도 영주권을 신청할 수 없어. 이들은 해고가 되면 2주 내에 새 직장을 구해야 해. 직장을 구하지 못하면 바로 강제출국을 당하거든. 그들은 눌러살 곳이 없는, 즉 장소와 공간을 박탈당한 사람들이야.

"사생활이란 참 값진 거야. 누구나 가끔 혼자만의 공간에 있고 싶어 하거든. 그런 장소는 남한테 절대 말해서는 안 되지. 그래야 하는 법이야."

조지 오웰(1903~1950)의 《1984》에 나오는 대사야. 주인공에게 '혼자만의 공간'을 제공한 상점 주인이 한 말이지. 독재자들이 싫어하는 것 중 하나가 대중이 생각을 하는 거야. 생각하기 시작한 대중은 종국에는 독재에 대해서도 의심할 수 있거든. 그런데 생각을 하려면 차분하게 생각할 자기만의 공간이 필요하지. 민주주의가 가능하려면 광장도 있어야 하지만 밀실도 있어야 해. 개인 공간을 허락하지 않는 학교일수록 민주주의와 거리가 먼 이유야.

공간을 내어주는 일

고슴도치처럼 온몸에 날카로운 바늘이 돋친 호저(산미치광이)라는 동물이 있어. 이 동물은 날이 추워지면 서로의 체온을 얻으려고 바짝 붙다가 서로 가시에 찔려 떨어지지. 그러다 다시 추워지면 또 붙다 찔리고. 떨어지면 춥고 다가가면 아픈 과정을 몇 번 되풀이하다, 이윽고 너무 떨어져 춥지도 않고 너무 가까워 찔리지도 않는 적당한 거리를 찾게 돼.

철학자 쇼펜하우어(1788~1860)가 남긴 책《부록과 추가 Parerga und Paralipomena》에 실린 우화 〈호저의 딜레마〉에 등장하는 이야기야. 사람도 역시 서로의 체온을 느낄 정도로 가깝더라도 서로에게 상처를 입힐 만큼 붙어서는 안 된다는 교훈을 주지.

탈의실

쉽게 말해 사랑하되 타인의 독립성을 존중하라는 뜻이야.

눈에 보이지는 않지만, 개인을 둘러싼 공간의 장막 같은 게 있지. 누구나 이런 장막을 둘러치고 있어. 일종의 심리적 보호막이야. 누군가 그 보호막을 찢고 들어오면 경계하기 마련이지. 낯선 사람이 불쑥 다가올 때 불편함을 느끼는 이유야. 개인적 성향에 따라, 상대 혹은 관계에 따라, 상황에 따라, 문화에 따라 적정 거리는 달라지지. 또한 개인의 장막은 존중감의 경계선이기도 해. 타인이 함부로 침범하면 불쾌감을 유발할 수 있지.

남자 화장실을 통해 개인 공간을 둘러싼 심리를 살펴볼 수 있어. 소변기가 다섯 개 설치되어 있는 남자 화장실에서 누군가 문에서 두 번째로 가까운 소변기를 사용하고 있다면, 다음에 들어오는 사람은 몇 번째 소변기를 사용할까? 생리적 욕구만 따진다면 문 열자마자 바로 앞에 있는 첫 번째 소변기를 사용해야겠지. 그러나 실제로는 두 번째 소변기에서 떨어진 네 번째나 다섯 번째 소변기를 사용할 가능성이 높아. 어떤 심리적 요인이 생리적 욕구에 반하는 결정을 하게 만들까? 나의 개인 공간을 보호하고 남의 개인 공간을 존중하려는 심리의 결과지.

교육이란 내가 존중받으면서 타인을 존중하는 법을 배우는 과정이야. 사람은 이해받고 소중히 여김을 받을수록 자신과 타인을 더욱 존중하게 되지. 학생이 학교를 섬기는 게 아니라 학교가 학생을 섬겨야 해. 교사가 학생을 떠받들라는 뜻이 아니야. 학교라는 제도가 학생을 존중해야 한다는 거지. 탈의실을 설치하는 것도 그중 하나야.

독일 수학자 게오르크 칸토어(1845~1918)는 당시까지 금기시한 무한의 개념을 수학적으로 처음 제시했어. 덴마크 작가 페터 회(1957~)가 그에 대해 쓴《스밀라의 눈에 대한 감각Frøken Smillas fornemmelse for sne》을 보면, 칸토어의 무한 개념에 담긴 개인에 대한 지극한 존중을 읽을 수 있지. 페터 회가 '고독에 대한 커다란 존중'이라고 표현한 부분을 '개인에 대한 커다란 존중'으로 바꿔 읽어도 무방해. 조금 길지만 같이 읽어볼까?

칸토어는 학생들에게 무한의 개념을 이렇게 설명했다. 무한한 수의 객실을 가진 호텔 주인 한 사람이 있고, 이 호텔 객실에는 손님이 모두 들어차 있다. 거기에 손님 한 명이 더 도착한다. 그래서 호텔 주인은 1호실에 있는 손님을 2호실로 옮겨준다. 2호실에 있던 손님은 3호실로 옮긴다. 3호실 손님은 4호실로. 이런 식으로 계속된다. 이렇게 하면 1호실은 새로 온 손님을 위해서 비워진다.

이 이야기에서 내 마음에 들었던 점은 관련된 모든 사람들이, 손님들과 주인 모두가, 한 손님이 자기 방에서 평화와 고요를 얻을 수 있도록 무한한 수의 작업을 지극히 당연하게 수행한다는 것이었다. 그것은 고독에 대한 커다란 존중의 표시다.

마지막에 온 손님이 맨 끝에 있는 ∞호실에 묵으면 될 텐데 왜 모든 손님들이 방을 옮기는 걸까? 그 손님이 ∞호실까지 가려면 얼마나 멀겠어. 그런데 1호실 손님이 2호실로, 2호실 손님이 3호실로 (…) ∞-2호실 손님이 ∞-1호실로, ∞-1호실 손님이 ∞호실로 한 칸씩 옮기는 건 어렵지 않지. 그래서 호텔의 모든 손님들이 한 사람을 위해 기꺼이 방을 옮기는 수고를 마다하지 않는 거야. 모두가 각자의 방에 들어가 쉴 권리가 있으니까. 실로 아름다운 장면이 아닐 수 없지.

5
교문

문일까, 벽일까?

"훌륭한 교사는 '희망'에 초점을 맞춘다.
평범한 교사는 '규칙'에 매달린다. 가장 무능한 교사는
규칙을 어겼을 때 어떤 '벌칙'을 줄지에만 신경을 쓴다."

ー토드 휘태커(교육자, 1959〜)

지도 vs 맞이, 변하지 않은 풍경

"어느 동물이 한 목소리를 지니면서도 아침엔 네 발로 걷다가 점심엔 두 발로 걷고 저녁에는 세 발로 걷는다. 그 동물은 무엇일까?"

그리스 신화에서 사람의 얼굴과 사자의 몸을 한 괴물 스핑크스가 오이디푸스에게 냈던 수수께끼야. 스핑크스는 성문 앞에서 도시와 외곽의 경계를 가리키며 그 앞을 지나가는 사람에게 수수께끼를 내지. 풀지 못한 자를 기다리는 건 죽음이었지.

왜 갑자기 스핑크스 얘기냐고? 옛날에는 교문 앞에 학생주임이 스핑크스처럼 서 있었어. 스핑크스가 도시와 외부의 경계에서 성문을 지켰다면, 학생주임은 학교와 사회의 경계에서 교문을 지켰지. 교문에 버티고 선 학생주임은 학생들의 두발 상

장 오귀스트 도미니크 앵그르(1780~1867), 〈스핑크스의 수수께끼를 푸는 오이디푸스〉 (1808~1825), 루브르박물관 소장. 오이디푸스가 왼손은 스핑크스를, 오른손은 '인간'인 자기 자신을 가리키며 수수께끼에 답하고 있다. 정답을 맞히자 스핑크스는 분노한 표정이다.

태, 교복 매무새 등 용모를 확인했어. 친구들이 다 보는 앞에서 '바리캉'으로 머리를 밀어버리기도 했지. 학생들은 매일같이 교문 앞에서 이런저런 단속과 지적을 당해야 했어. 사실 용모 단정은 핑계일 뿐 마음가짐을 보겠다는 거였지. 딴짓하지 않고 시키는 대로, 학생으로서 묵묵히 공부만 하겠다는 마음가짐 말이야.

살벌했던 등교 지도는 이제 '교문맞이', '아침맞이' 등 여러 이름으로 바뀌었지. 예전처럼 때리거나 기합을 주는 일은 사라졌어. 대신 교사들이 미리 나와 반갑게 인사하고, 포옹이나 하이파이브를 하기도 하지. 자발적으로 바뀐 경우도 있고, 교육청 시책으로 바뀐 경우도 있어. 그러나 이름이 바뀐 만큼 내용도 바뀌었을까? '교문맞이'를 하지 않는 다른 문으로 등교하는 걸 금지하는 학교들이 있어. 그렇다면 여전히 교문에서 등교 지도를 한다는 의미 아닐까? 어쩌면 학교 관리자의 성향에 따라 반가운 아침 인사는 깐깐한 아침 지도로 언제든 돌변할 수도 있고 말이야.

애초에 교실이 아니라 교문에서부터 학생들을 '맞이'한다는 것 자체가 이상하다고 볼 수 있어. 학생들을 반갑게 맞아주고 인사를 건네는 건 물론 좋은 일이지. 그런데 그건 수업 시작할 때 교실에서 해도 되지 않을까? 교문에서 아무리 다정하게 인사한다 해도 죽 늘어서 있는 교사들이나 선배들 사이를 통과해서 지나가는 일이 마냥 유쾌할 리 없어. 멋쩍고 부담스러울 수밖에 없어. 아무런 시선의 부담을 느끼지 않고 교문을 지나가는 게 가장 자연스럽지 않을까?

누군가는 학교를 삼중의 감옥이라 말하지. 일차로 교실에 가둬두고, 이차로 건물로 차단하고, 마지막으로 교문에서 막아서니까. 쉬는 시간이 아니면 복도를 기웃거릴 수 없고, 점심시간이나 체육 시간 등이 아니면 건물 밖으로 나와선 안 되고, 등하교를 제외하면 교문을 드나들기 어렵지. 21세기에 들어선 지도 20여 년이 지났어. 이제는 삼중 감옥을 바꿔야 하지 않을까?

그 문을 통과하라

1987년 노동자들이 전국적인 파업을 벌였어. 현대중공업은 창립 이래 처음으로 파업 사태를 맞았지. 당시 현대중공업 노조가 회사에 제일 먼저 요구한 게 뭘까? 임금 인상? 아니야. '두발 자유'였어. 당시 현대중공업 정문에는 회사 관계자들이 가위를 들고 서서 출근하는 노동자들의 머리 길이가 장발이면 다 깎아버렸지. 다 큰 성인들이 일터에서 당한 일이야. 1970년대 박정희 정권은 국민들의 머리카락을 관리했어. 장발을 퇴폐 행위로 간주하고, 길에서 단속된 사람들의 머리카락을 가차없이 잘라버렸어. 신체적 자유가 위협당하는 야만의 시대였지.

학교도 비슷했어. 교문에서 바리캉을 들고 머리를 미는 일이 예사였지. 머리 한가운데를 고속도로로 내듯이 밀어버리기도 했어. 그 정도는 아니지만 지금도 여전히 교문 단속이 이뤄지고 있어. 등교 지도, 품행 단속 등 다양한 이름과 형태로 교문을 지키지만, 성격은 크게 바뀌지 않은 듯하지. 여전히 학생들의 복장 등을 단속하거든.

　이상한 것은 서류철에 지각한 학생들의 이름을 적는 이들이 같은 학생이라는 점이야. 학생자치부 학생들이 그 일을 하지. 학생들의 의사를 대변해야 할 학생 대표가 과거 '선도부'가 했던 역할을 그대로 하고 있는 거야. 선도부가 뭐냐고? 학교나 단체 등에서 그 구성원들이 교칙이나 단체의 규칙을 지키도록 지도하고 감독하는 부서야. 일제 강점기에 학생끼리 서로 감시하고 통제하도록 하기 위해서 만들어졌어. 왼팔에 '선도부' 완장을 찬 학생 선도부원들이 학생들을 단속했었지. 완장은 사라졌지만 선도부 제도는 여전히 남아 있어. 학생생활지도부, 바른생활부, 또래지킴이 등 이름은 각기 다르지만 학교마다 비슷한 제도를 운영하고 있지. 이건 학생 자치에 대한 모독이 아닐까? '자치'는 민주주의의 중요한 원리인데, 학생이 학생을 감시하고 단속하는 것을 과연 민주적이라 말할 수 있을까?

　물론 지역과 학교에 따라 교문 단속의 정도는 다르지. 전국 17개 시·도 가운데 학생인권조례가 통과된 경기도, 광주광역시, 서울시, 전라북도 지역에 속한 학교들은 대체로 교문 단속이 헐거운 편이야. 물론 이 역시도 학교마다 편차는 있지만. 그러나 학생인권조례가 통과되지 못한 대다수 지역은 여전히 교문 단속과 학생 지도가 엄격한 편이야. 2019년 6월 인천의 한 중학교에서는 생활 지도 교육을 한다며 여학생들을 강당에 모아놓고 치마 길이를 자로 재는 일까지 있었어.

오늘날의 학교 풍경은 물리적 폭력이 버젓이 이루어지던 1980~1990년대와는 많이 달라. 그러나 폭력이 두드러지지 않는다고 해서 폭력이 사라졌다고 말하긴 어려워. 철학자 미셸 푸코는 《감시와 처벌Surveiller et Punir》에서 '외형적으로 감옥이 현대화되고 형벌이 완화되었다고 해서, 그것을 죄수에 대한 권력의 인간적 처벌이나 처벌 방법의 근대화로 해석해서는 안 될 것이며 이는 권력의 전략이 바뀐 현상일 뿐'이라고 지적했어.

얼마 전까지 교도소에서는 강제 이발이 자행됐어. "수형자의 두발과 수염은 짧게 깎는다"라는 형집행법 제23조가 근거였지. 당시 법무부 예규 '수용자 이발 등 지침'은 남자 수형자의 경우 앞머리는 10센티미터, 뒷머리와 옆머리는 각 2센티미터로 규정했어. 여기에 더해 징벌을 받으면 전체 3센티미터(스포츠형)으로 짧게 잘랐지. 교도소에서 머리카락이 왜 중요할까? 을미사변 후 정권을 장악한 친일 내각은 '머리를 깎지 않는 자는 죽이겠다'며 단발령을 내렸지. 강제로 머리를 깎인 선비들은 통곡했어. 구한말(조선 말기~대한제국) 의사로 활동한 릴리어스 호턴 언더우드(1851~1921)는 《조선 견문록Fifteen Years Among the Top-knots》에서 "그들의 긍지와 자존심과 위엄은 모두 빼앗겨 발

아래 짓밟혔다"라고 썼지.

아우슈비츠에는 머리카락 전시실이 있어. 아우슈비츠에 들어온 수용자들은 머리를 잘라야 했지. 잘린 머리카락은 군용 담요 등을 만드는 데 사용됐어. 옷과 신발을 강제로 뺏긴 채 발가벗겨지고 심지어 머리카락까지 뺏기는 모멸의 순간, 사람은 사람이 아니었지. 아우슈비츠에서 살아 돌아온 프리모 레비(1919~1987)는 《이것이 인간인가Se questo è un uomo》에서 "이보다 더 비참한 인간의 조건은 존재하지도 않았고 상상할 수도 없었다. 우리 것은 이제 아무것도 없었다. 그들은 옷, 신발, 심지어 머리카락까지 빼앗아갔다"라고 증언했지. 인격을 철저히 무너뜨림으로써 반항과 탈출을 생각조차 하지 못하게 했던 거야.

머리카락을 강제로 자르는 이유로 감옥에서는 위생을, 학교에서는 훈육을 내세우지만 실상은 통제와 지배의 수단, 그 이상도 그 이하도 아니지. 머리카락을 강제로 잘라 모욕감을 줌으로써 권력 관계의 우열을 분명히 확인시키는 거야. 강제 이발, 두발 단속 등은 신체의 자유를 억압하고 자기결정권을 침해함으로써 개인을 통제하는 효과적인 수단이지. 그것은 감옥이든 학교든 마찬가지야.

학교에서 학생은 관리와 지도, 감시와 감독의 대상이야. 미셸 푸코는 "규율은 이렇게 복종되고 훈련된 신체, '순종하는'

신체를 만들어낸다"라고 했어. 규율은 구성원을 규율에 길든 인간, 더 나아가 순치된 인간으로 만들지. 쉽게 말해 말 잘 듣는 인간으로 만드는 거야. 권력은 규율의 강제를 통해 시민과 노동자를 신민(신하)과 하인으로 삼고 부리지.

규칙과 단속의 이중주

규칙과 질서의 준수를 배우는 것은 의미가 있어. 학교에도 교칙이라는 규칙이 있지. 규칙은 다 함께 지키기로 정한 사항이야. 그런데 우리는 주어진 규칙을 무조건 지키고 따라야 할까? 규칙이나 질서가 필요한 근본적인 이유가 뭘까? 서로에게 피해를 주지 않고 집단이나 공동체를 잘 유지하기 위해서 아닐까?

그렇다면 교복 단속, 두발 단속 등은 왜 필요한 걸까? 서울시교육청의 〈2015년 중·고교 학교규칙 점검 결과〉에 따르면, 서울 시내 중·고등학교 702곳 중 98퍼센트가 '교복·용의복장 규정'이, 87퍼센트가 '두발 제한 규정'이, 61퍼센트가 '명찰 탈부착, 속옷·양말·신발 색 관련 규정'이 있었지. 학교가 양말 색깔, 속옷 색깔까지 단속하고 있어. 양말과 속옷이 타인에게 어떤 피해를 준다는 걸까? 학생들끼리 자기가 신은 양말을 비교하느라 공부에 지장이 생길 수 있다? 그럴 것 같진 않지. 그렇다면 색깔이나 무늬가 눈에 띄는 속옷을 입으면 겉옷에 비쳐서 보기에 안 좋다? 이건 타인에게 주는 피해라기보다 타인의 과잉 반응 아닐까? 결국 양말, 속옷 등을 단속하는 교칙은 '교칙을 위한 교칙'에 불과한 게 아닐까?

교칙을 위한 교칙을 만들다 보면 단속할 대상은 끝없이 이어지기 마련이지. 옷을 단속하려고 규정을 만들다 보면 윗옷, 아래옷, 양말, 심지어 속옷까지 단속하게 되는 거야. 일부 학교에서는 교복 밖으로 속옷이 비치지 않도록 흰색 속옷만 입도록 규제하고 있어. 가령 '속옷은 흰색으로 입어야 하며 무늬, 문자 등이 없어야 한다'는 식으로 말이야. 2018년 인천 지역 고등학교 교칙을 확인해보니까 무려 18개 학교가 속옷 단속과 관련된 조항을 두고 있었다고 해. 흰색 교복 위로 색깔 있는 속옷이 비치면 누군가, 특히 어른들의 눈에는 보기 안 좋을 수 있지. 그렇다고 속옷을 단속하는 게 맞을까? 차라리 교복 색깔을 바꾸면 쉽게 해결될 일 아닐까?

학교는 온갖 것들을 교칙의 사슬로 묶어두지. 울산의 한 고등학교에서는 3학년 학생들의 독서를 금지하고 있어. 3학년은 도서관에서 도서 대출이 아예 안 되는 거야. 책 읽을 시간에 더 공부하라는 거지. 교내에서 미세먼지 마스크를 금지하는 학교들도 있어. 마스크를 착용하면 화장을 했는지 단속하기 어렵다는 이유로 말이야. 그러나 우리 헌법 제12조는 "모든 국민은 신체의 자유를 가진다"라고 분명히 선언하고 있어.

앞서 언급한 교도소조차 강제 이발이 인권 침해라는 인식이 확산되자 2007년 형집행법이 개정될 때 강제 이발의 법적 근거가 삭제됐어. 현재는 형집행법 제32조 제2항에서 "수용자는 위생을 위하여 두발 또는 수염을 단정하게 유지하여야 한다"라고만 규정하고 있을 뿐이야. 교도소도 더 이상 강제하지 않는 두발을 학교가 강제해선 안 되겠지. 학생들을 죄수로 생각하지 않는다면 말이야.

학생이 학교의 주인이자 교육의 주체라면 규칙을 정하는데 직접 참여할 수 있어야 하지 않을까? 교칙을 제정할 수 없는 학생 자치 활동은 자치 활동이 아니야. 규칙 준수를 강요하기에 앞서 규칙 제정에 학생들이 참여할 수 있어야 해. 학생 참여를 보장함으로써 규칙의 정당성을 확보해야 규칙 준수를 강제할 수 있지.

'학생들에게 규칙 제정의 책임을 준다고?' 하며 반문하는 어른들도 있을 거야. 그들은 '학생들은 그럴 만한 능력이 부족하다. 학생들에게 그런 권한을 주면 제멋대로 사용할 것이다'라고 생각하지. 그래서 학교는 자율이라는 이름으로 타율을 강요하곤 해. 대표적인 게 '야간 자율학습'이야. '자율'이라는 이름이 붙은, 지독히 타율적인 학습에 불과하지. 야간 자율학습에 익숙해진 학생들은 직장에 들어가도 야간 근무에 금방 적응해. 한국은 경제협력개발기구OECD에서 멕시코 다음으로 긴 노동시간을 자랑하지. 우리에게 '시간 외 근무'는 야간 자율학습처럼 너무도 당연하고 자연스러운 거야.

영화 〈쇼생크 탈출〉(1994)에는 30년 넘게 감옥살이를 하다 출소한 늙은 남자가 나와. 오랫동안 간수의 지시와 명령에 따라 통제된 채 살아온 남자는 바깥 생활에 적응하지 못해. 상점에서 일을 하다가도 "매니저님, 화장실 다녀와도 될까요?" 하고 질문하지. 어리둥절한 매니저는 "그런 건 물어보지 않고 다녀와도 돼요. 알아서 하세요"라고 말해. 시키는 일만 반복적으로 해온 남자에게 '알아서 한다는 것'은 참으로 어려운 일이야. 뭘 하고 싶은지 모르니 뭘 해야 할지를 결정하지 못하지.

지시와 명령이 사라진 자리에 먼저 자리 잡는 것은 자유의 달콤함이 아니라 불안이야. 타율적 규칙에 길들여진 사람은 자유를 자유답게 누리지 못하지. 자유보다 통제를 먼저 배웠으니 어쩌면 당연한 일이야. 자유롭지만 책임감 있는 사람이 되려면 자기 행동에 책임질 기회를 가져봐야겠지. 책임질 기회를 가진 만큼 책임감도 커지기 마련이거든. 학생들에게 책임질 기회를

줘야 해. 그래야 책임질 일이 있을 때 제대로 책임질 수 있지. 우선 규칙을 정하는 책임부터 주면 돼.

문과 담장을 허문 학교

이제는 '교문 지도'가 예전만큼 통하지 않는데도, 여전히 과거 방식에 매달리는 사람들이 있지. 때리거나 기합을 주진 않지만, 어떤 것들은 그대로지. 내가 사는 동네 고등학교의 아침 등굣길을 수십 번 넘게 지켜봤는데, 교사가 학생을 불러 세워서 지적하는 일은 예삿일이었어. 하루는 비 오는 날인데 어떤 학생이 교복을 제대로 입지 않았는지 교사가 그 학생을 불러 세워서 지적했어. 그랬더니 그 학생은 우산을 땅바닥에 내려놓은 채 비를 맞으며 교복을 고쳐 입었지. 방법은 조금 더 부드러워졌는지 모르지만, 훈계와 모멸은 여전하지. 스핑크스 앞에서 좌절한 이가 감당할 몫이 죽음이었다면, 교문 앞에서 지적당한 학생들이 감당할 몫은 부끄러움이야.

그 교사들은 왜 그대로일까? 정치철학자 한나 아렌트(1906 ~1975)는 《공화국의 위기 Crises of the Republic》에서 "권력이 자신의 손에서 빠져나간다고 느끼는 자들은 권력을 폭력으로 대체하려는 유혹을 뿌리치기 어렵다"라고 했지. 국민의 두발을 단속했던 박정희를 예로 들면, 두발 단속은 1973년 2월부터 시행됐어. 영구 집권을 가능케 한 유신헌법은 그보다 4개월 전인 1972년 10월에 통과됐지. 공교롭게도 김대중 납치 사건도 1973년이었지. 납치 사건이 벌어지기 전에 선거가 있었어. 박빙의 선거에서 박정희는 김대중을 아슬아슬하게 꺾었지. 선거에서 질 뻔한 박정희는 위기감을 느꼈고, 권력을 놓치지 않기 위해서 유신, 국민 통제, 김대중 납치 등 일련의 사건들을 벌였던 거야.

학교에서의 지나친 통제도 그것을 통해 권위와 권력을 유지하려는 어른들 때문 아닐까? 물론 통제는 억압만으로 작동하는 건 아니야. 오늘날은 경쟁을 부추겨서 통제하기도 하지. 전성은 선생님은 《왜 학교는 불행한가》에서 '통제를 위한 학교 교육 정책의 세 가지 요소로 지시, 감독, 평가'를 지적했어. 학교는 평가를 통해 경쟁을 부추기지. 평가는 대상자의 성장과 발전을 위해서 해야 하는데, 한국에선 경쟁을 유발하는 수단으로 쓰이지. 경쟁은 시합과 달라. 시합은 비길 수도 있는 게임이지만, 경쟁은 '네가 죽어야 내가 사는 전쟁'인 경우가 많아. 학교가 학생들끼리의 경쟁을 부추겨서 통제한다면, 국가는 교사들끼리의 경쟁을 부추겨서 통제하지. 아무튼 학교 통제의 최전

선이 바로 교문이야.

"뛰어난 독서가이지만 독서에 너무 많은 시간을 허비한다. 학교 공부에 의욕이 없고, 목적을 세우는 데 어려움을 겪고 있다. 때로는 규율에 어긋나는 행동을 한다."

어느 초등학생의 성적표에 교사가 적어놓은 내용이야. 규칙과 규율이 무조건 나쁜 건 아니야. 다만 규율을 위한 규율, 관리자의 편의를 위한 규율은 사라져야 할 악습이야. 그런 규율을 없앤다고 학교가 무너지는 것도 아니고, 그런 규율을 좀 어겼다고 아이가 망가지는 것도 아니지. 앞선 성적표의 주인공이 누구냐고? 초등학교 3학년 때의 스티브 잡스(1955~2011)야.

신체에 대한 자유는 기본적 권리인데, 학생이라는 이유로 두발 등에 대한 기본권이 침해되었지. 다행히 서울에선 2019년 2학기부터 중·고등학교의 두발 규제를 전면 철폐해. 기본권을 제한하는 규제를 근대 학교가 세워지고 100년이 더 지나 없애는 거지. 불필요한 규제를 없애는 것처럼 교문의 풍경도 바꿔야 하지 않을까?

미국 대학들은 대개 정문이나 담장이 없어. MIT공대나 스탠퍼드대 등에는 정문과 담장이 없지. 하버드대는 담장은 있지만 커다란 정문은 없어. 중·고등학교도 마찬가지야. 토머스 제퍼슨 고등학교, 세인트 폴스 스쿨, 로렌스빌 스쿨 등 미국의 유명 사립고등학교들은 정문이 없지. 정문이 있는 학교들도 우리처럼 개폐가 가능한 형태의 '닫힌 문'이 아니야. 기둥이 양쪽에 두 개 있을 뿐이지. 학교 안과 밖을 구분할 필요를 느끼지 못하는 거야.

문과 담장이 없는 이유는 학교가 지역사회에 열려 있기 때문이지. 우리나라의 이우학교, 한일고등학교, 거창고등학교 등에도 교문이 없어. 교문은 복장, 두발 등의 검사를 통과한 학생만 가려서 학교 안으로 들여보내주는 시험대가 되어선 안 돼. 교문의 양쪽 기둥은 경계석이면 족하지 않을까? 학생이 배우겠다는 의지를 스스로 되새기며 배움터로 넘어갈 때 마주치는 경계석 말이야. 물론 배움은 학교 밖에도 있지만, 교문을 넘으며 학교 안에서 더 적극적으로 배우겠다는 의지를 다지는 거지.

6

운동장

학교 뒤의 군대

"한 사회는 그 사회에 걸맞은 학교를 가진다."

－ 존 듀이(철학자, 1859~1952)

학교의 진짜 주인은 누구일까

너희가 사는 집의 주인이 누구일 것 같아? 아빠? 엄마? 집에서 가장 중심이 되는 자리를 차지한 사람이 집안의 주인일테지. 그렇다면 너희 집에서 가장 큰 공간이 어디야? 대개는 거실이지. 거실을 차지하고 거실의 질서를 좌우하는 이가 집안의 주인 아닐까? 그런데 거실에서 그런 역할을 하는 건 거실을 쓰는 엄마도, 아빠도 너희도 아니야. 바로 텔레비전이지.

먼 옛날 원시인들이 모닥불 주변에 둘러앉아 쉬었다면, 오늘날 현대인들은 대부분 텔레비전 주변에 모여 앉아 쉬잖아. 그때의 불은 온기를 주고 어둠을 밝히며 음식 조리를 가능하게 해줬지. 그래서 인류는 늘 불을 가까이했어. 현대 사회에서는 텔레비전이 그 기능을 하고 있어. 텔레비전이 난방이나 조명,

조리 등에 쓰이는 건 아니지만 정서적 온기는 제공하지. 또 소파며 카펫이며 거실의 거의 모든 것들이 텔레비전을 중심으로 배치되고, 가족들은 텔레비전을 신줏단지 모시듯이 대하지. 그렇게 본다면 텔레비전이 집의 주인이고 정작 우리는 거실에 세 들어 사는 것 같아.

'중심이 되는 공간을 무엇이 차지하고 있는가'의 관점에서 학교를 들여다보면 우리는 학교의 주인이 따로 있다는 걸 알게 되지. 학교에서 가장 큰 공간은 운동장이야. 운동장이 없는 학교는 다르겠지만, 운동장이 있는 학교는 다 그렇지. 커다란 운동장을 중심에 두고 교사校舍와 식당, 강당 등이 배치되는 구조야. 전국의 모든 학교가 교문-운동장-구령대-화단-일자형 본관-뒤뜰(주차장)로 이어지는 획일적인 모습이지. 가만 보면 운동장을 지배하는 질서가 아주 묘해.

그 뿌리를 더듬어보면 학교와 군대가 한 형제와 다름없다는 사실을 발견하게 되지.《불온한 교사 양성 과정》의 공동 저자인 홍세화 선생님은 한때 프랑스에서 생활했어. 그런데 프랑스에는 한국처럼 널찍한 운동장이 있는 학교가 전혀 없대. 나중에 한국 학교와 비슷하게 운동장도 넓고 수위실도 있는 학교를 어렵사리 찾았는데, 그 학교는 군사 학교였다지. 이 에피소드가 말해주는 게 뭘까? 우리 학교에 군대의 흔적이 짙게 배어 있다는 거지.

애초에 학교 운동장은 다양한 체육 수업보다는 군사 훈련을 위한 공간이었어. 근대 학교가 등장하고 국민의 신체를 단련시킬 목적으로 군사 훈련이나 체조를 학교 교육에 도입했거든. 군사 독재 정권 시절, 학교는 체육 시간에 군사 훈련과 비슷한 개인 체육 활동을 널리 시행했어. 얼마 전까지 '국민체조'라는 이름으로 남아 있던 활동도 그러한 역사의 흔적이지. 국민체조는 구한말에 최초로 도입되어 일제 강점기까지, 학교 체육에서 광범위하게 시행되던 병식兵式 체조에 뿌리를 두고 있어. 병식 체조란 군대에서 체력 단련용으로 시행하는 체조를 뜻하지.

또 수십 년 전 학교 운동장에서는 교련 수업(학생들에게 가르치는 군사 훈련)이라고 해서 학생들이 얼룩무늬 교련복을 입고 총검술과 제식 훈련(군인과 같이 행동에 통일성이 필요한 이들에게 규율과 행동의 절도를 익히게 하는 훈련) 등을 하도록 했지. 1990년대 중반까지만 해도 모의 소총을 들고 교련 수업을 받았어.

'2열 종대', '4열 횡대' 같은 말을 처음 접하는 곳도 바로 운동장이야. 운동장에서 체육 수업이 있을 때 우리는 군대에서 쓰는 이런 용어를 익히지. 체육 시간에 여전히 '좌향좌', '우향우', '앞으로 가' 등 군대식 제식 훈련을 가르치는 학교들이 있어. 체육 수업 때 말을 잘 듣지 않는다고 체육 교사가 단체로 '선착순', '얼차려' 등을 주기도 하지.

"아빠, 팔 벌려 뛰기 할 때 마지막 구호를 외치잖아? 그럼 큰일 나."

어느 초등학생이 학교에서 얼차려를 받고 집에 와서 한 말이야. 선착순, 단체기합, 마지막 구호 생략 등은 대개 체육 시간에 처음 경험하게 되는데, 이 모두가 사실은 군대식 문화의 일부야.

실제로 학교 운동장은 군대 연병장과 닮아 있어. 경비실-운동장-구령대-학교 건물로 이어지는 구조는 위병소-연병장-사열대-군대 막사로 이어지는 구조와 정확히 일치하거든. 군부대를 찍은 사진과 학교를 찍은 사진을 놓고 비교해보면 서로 구분이 안 될 정도로 비슷하지.

구령대의 이름이 사열대에서 조회대로, 조회대에서 다시 구령대로 바뀌며 여전히 끈질기게 없어지지 않고 남아 있듯이, 학교를 지배하는 군대식 질서도 강고해. 군대가 키우는 군인과 학교가 기르는 학생이 전혀 다르고 또 달라야 한다면, 군부대가 학교 건축의 원형이 된 건 첫 단추를 잘못 끼운 정도가 아니라 팔에 바지를 끼운 꼴이라 할 수 있어.

모두에게 운동장을 허하라

학교 운동장은 누구의 것일까? 점심시간에는 축구를 좋아하는 일부 남학생들의 차지야. 전국의 모든 학교는 똑같은 형태를 띠고 있지. '기다란 교사校舍와 휑한 축구장'을 벗어나지 못하고 있어. 모두가 축구 같은 구기 종목만 해야 한다는 듯이 운동장에는 축구 골대와 농구대 정도가 있을 뿐이지. 애국조회 등을 제외하면 학교 운동장의 주된 용도는 축구 경기용이야.

여학생들은 운동장에서 소외돼 있어. 앞서 탈의실에서도 언급한 것처럼 운동 후 젖은 옷을 갈아입을 공간도 없고 몸을 씻기도 어려운 상황에서 땀 흘려 운동하는 걸 꺼리는 여학생들이 많거든. 검게 그을린 피부를 건강미의 상징이 아니라 놀림의 대상으로 여기는 경우들이 왕왕 있는 것도 문제야. 여성의 피부는 하얘야 한다는 그릇된 편견이 햇볕 아래서 운동하는 여학생들을 보기 어렵게 만든다고 할 수 있지.

〈달링Breathe〉(2017)이라는 영화의 포스터야. 왼쪽과 오른쪽의 다른 부분을 찾아볼까? 제목도 바뀌었지만, 여배우를 중심으로 살펴보면 이모저모가 눈에 띄게 달라졌지. 흑백으로 실려서 구분이 쉽지 않겠지만, 일단 입고 있는 원피스 색깔과 입술 색이 빨간색으로 바뀌었어. 그리고 남배우의 허리를 감싸고 있는 여

영화 〈달링〉의 해외 포스터와 한국판 포스터.
여배우의 옷, 입술 색, 팔뚝 등이 원본과 다르게 수정되었다.

배우의 팔뚝도 달라. 왼쪽 포스터에는 여배우의 팔뚝이 다소 검게 타고 근육이 잡혀 있는데, 오른쪽 포스터에서는 하얗고 매끈한 팔뚝으로 바뀌었지.

여주인공에 대한 고정관념, 아름다운 여성에 대한 고정관념이 빚은 결과야. 포스터에서는 '여성은 화장을 해야 예쁘다', '여성에게 근육은 어울리지 않는다' 같은 고정관념이 읽히지. 여성을 특정 기준으로 재단하는 인식은 여성에 대한 폭력을 정당화하는 토대가 될 수 있어. 이 기준에서 벗어난 여성은 비난받아도 된다고 무의식적으로 생각하거든.

축구만 하는 운동장, 뭔가 잘못된 게 아닐까? 모든 학생들이 축구를 좋아하는 게 아니잖아. 그런데 왜 골대만 있을까? 축구가 모든 운동 중 가장 으뜸이라는 걸까? 학생들의 신체 발달과 정서 함양에 가장 좋은 운동이 축구라는 걸까? 그렇게 말하긴 어렵겠지. 그런데 운동장은 왜 축구장으로만 사용되는 걸까? 운동장이 축구를 할 만큼 굳이 커다란 공터일 필요가 있을까? 이쯤해서 운동장의 본질에 대해 고민할 필요가 있을 것 같아.

운동장은 말 그대로 운동을 하는 공간이야. 축구는 여러 운동 중 하나일 뿐이지. 축구는 몸싸움이 잦은 운동이야. 당연히 거친 운동을 좋아하는 아이들이 잘하기 마련이지. 그런데 운동에는 축구만 있는 게 아니잖아. 학생들의 욕구는 다양해. 거친 운동을 좋아하는 학생이 있는가 하면, 정적인 운동을 좋아하는 학생도 있어. 학생들의 다양한 욕구를 충족시키려면 다양한 운동이 가능하도록 운동장을 만들 필요가 있는 거야. 커다란 공터를 잘게 쪼갤 수도 있어. 더 다채로운 운동과 활동이 가능한 공간으로 말이지.

학교의 뿌리를 찾아서

교사를 직업으로 삼고 있다는 말을 에둘러서 "교편敎鞭을 잡고 있다"라고 표현하지. '교편'은 교사가 수업을 할 때 지시 용도로 쓰는 가느다란 막대기야. 이상한 건 대학 강의나 대중 강연 등에서는 교편이 쓰이지 않는다는 점이야. 교편은 오직 학교 교사만이 들고 다니지. 교편을 사용하는 또 다른 곳이 바로 군대야. 군대 교관들은 하나같이 교편을 들지. 교편은 권위적이고 강압적인 훈육을 상징하는 도구야. 아닌 게 아니라 교사들이 교편을 들기 시작한 건 일제 강점기 때부터야. 당시 교사들은 군복을 입고 칼을 차고 교편을 들었지.

학교 이곳저곳이 일제 강점기와 한국전쟁, 군부 독재를 거치면서 이식된 군대 문화로 짙게 물들어 있지. '차렷', '경례', '열중쉬어', '앞으로나란히'……. 과거에는 이런 구령들이 학교에서 자주 쓰였어. 수업 시작 전이나 체육 수업 시간에 말이지. 지금도 '차렷'과 '경례'를 쓰는 학교들이 있다고 해. 전형적인 군대식 인사법이야. 조회 시간이나 학교 행사 때 "앞으로나란히!" 하고 운동장에서 줄 맞추는 것도 군대식이지.

'소풍'도 일본말이야. 일본 메이지 시대 때 학교를 벗어나 군사 훈련을 받고 국가의 주요 시설을 답사했는데 이걸 소풍이라고 불렀어. 학생들은 외투와 모포 등을 꾸린 군장을 메고 집을 떠나 기초 군사 훈련을 받았지. 이를 통해 일본은 군국주의적 국가관을 심어주려 했어. 군국주의란 국가의 가장 중요한

운동장

목적을 군사력에 의한 대외 발전에 두고, 전쟁과 그 준비를 위한 정책이나 제도를 국민 생활의 가장 앞자리에 두려는 이념이야. 군국주의자들은 정치·경제·문화·교육 등 사회 전반을 군사력 강화에 종속시키려 하지.

우리나라에서도 1980년대까지 교련복을 입고 소풍을 갔어. 수학여행 역시 일제가 조선인 학생들을 일본에 보내 일본 문화를 익히도록 하기 위해서 만들었어. 조미은 선생님은《재조선 일본인 학교와 학생》에서 수학여행이 '일본인으로서의 자부심을 배양하기 위한 교육'의 일환으로 활용됐다고 지적하지.

1970년대 중반 박정희 정권은 각 대학의 학생회를 해체하고 '학도호국단 체제'로 바꿨어. 그전까지 각 대학은 총학생회장, 단과대학 회장, 과대표 등을 학생들이 직접 뽑아서 자율적으로 학생회를 꾸렸지. 그러다 박정희 정권이 군대의 사단장, 연대장, 중대장 등의 개념으로 바꾼 뒤에 학생 대표들을 일방적으로 임명해버린 거야. 뿌리 깊은 군대식 사고의 일단을 보여주는 사례지. 한국 사회는 거대한 병영이 됐어. 억압과 복종, 지배와 순응이 학교와 일터에서 강요돼왔지. 일상 구석구석에 군대 문화가 짙게 배어 있어.

학교에 뿌리박은 일제의 잔재를 깨끗이 씻어버려야 해. 가령 '훈화'는 일제 강점기 때 군대 용어야. 그냥 '덕담'이나 '도움

말씀' 정도로 표현하면 돼. 다른 용어들도 마찬가지야. 대체할 다른 표현들은 얼마든지 있어. "차렷, 경례"라는 말 대신 "바르게, 인사합시다", "바른 자세, 인사" 같은 식으로 하는 학교들도 있어. '소풍'이나 '수학여행'은 '문화탐방'이나 '현장체험학습'으로 쓰면 돼. 우리가 조금만 유념하면 바꿔서 사용할 수 있지.

기원이 현재를 규정하는 건 아니야. 중요한 것은 지금의 쓰임과 기능일 테지. 마찬가지로 일제 강점기에 만들어졌기 때문에 무조건 없애야 한다는 게 아니야. 일제 강점기에 만들어진 '잘못되고 비뚤어진 제도'라서 없애야 하는 거야. 특히 군대식이라는 게 가장 큰 문제지. 창의성과 다양성이 중요하다고들 말해. 그런데 군대는 명령 중심에다 획일적인 조직이야. 학교와 군대는 전혀 다른 곳인데, 군대식 문화가 학교를 지배해선 안 되겠지.

놂과 쉼이 사라진 운동장

건축가 유현준은 어느 글에선가 자기가 사는 아파트 단지에 놀이터가 없어진 일을 이야기했어. 아파트 부녀회가 놀이터를 없애고 그 자리에 장터를 만들어버렸다고. 놀이터에서 노는 아이들이 사라졌기 때문이지. 학교가 끝나도 학원으로만 도니까 아파트 놀이터에 남아 있는 아이를 찾을 수가 없는 거야. 건축가는 아이들이 놀이터에 갈 시간도 빼앗기고 그들만의 공간도 빼앗겨버렸다고 씁쓸히 이야기하지.

놂, 쉼, 잠. 우리 교육에서 소홀히 다루는 것들이야. 입시를 앞세우다 보니 공부는 가능한 한 '놀지도 말고 쉬지도 말고 잠도 줄이는' 고행苦行이 됐지. 교육은 사라지고 입시만 남은 현실이야. 학교는 입시의 '전장戰場'이 되어버렸어. 학원은 입시의 전초기지쯤 되려나? 입시 전쟁에서 낙오된 아이들은 교실에서 엎드려 자기 일쑤지. 지독한 '자기 무시'에 빠져 있는 거야. 자기는 공부를 잘할 수 없으며 자기에게 공부는 필요치 않다고 여기지. 자기 삶을 스스로 주변화하는 거야. 학교에 속해 있으면서도 그 속에 동화하지 못하고 겉도는 거지.

쉬는 시간이 짧은 탓에 건물 밖으로 나가는 일은 잠깐이라도 쉽지 않아. 밖으로 나가려면 긴 복도, 여러 층의 계단을 통과해야 해. 어쩔 수 없이 화장실에 잠시 다녀오는 것 외에는 답답한 교실 안에 하루 종일 있어야 하지. 설사 건물 밖으로 나간다 해도 마땅히 있을 곳이 없어. 운동장 주변에는 조용히 쉴 공간도, 사색하거나 책을 볼 수 있는 벤치와 그늘도 부족하지. 마치 학교는 쉬거나 사색하는 곳이 아니라 기계처럼 공부하는 곳이라는 듯 말이야.

군대 병영도 비슷해. 조경수 몇 그루만 있을 뿐 녹지라고 부를 만한 곳은 없지. 녹지가 없다 보니 연병장 주변에 그늘이나 벤치도 찾아보기 어려워. 혼자 사색을 하거나 누군가와 담소를 나눌 장소가 없는 거야. 학생들 역시 다르지 않다는 듯이 학교에서는 마땅히 쉴 만한 곳, 놀 만한 곳을 찾기 어렵지. 학교의 주인은 학생이지만 학생을 위한 자리는 없어. 교사도 마찬가지야. 교사 휴게실이 있는 학교가 일부 있지만, 대체로 교사가 쉴 수 있는 마땅한 공간이 없지.

시대가 달라졌다지만 학교의 겉모습은 크게 달라지지 않은 것 같아. 1962년부터 적용되기 시작한 학교 표준설계도 탓이 크지. 한국전쟁 이후 출생한 베이비붐 세대(1955년부터 1963년까지 태어난 세대)가 학교에 갈 나이가 된 1960년대에는 이들을 수용할 학교가 턱없이 부족했어. 그래서 등장한 것이 표준설계도야. 학교를 빨리 짓기 위해 규격화된 설계를 도입했던 거지. 표준설계도는 학교를 짓는 데 필요한 세세한 사항들을 빠짐없이 규정하고 있어. 가령 초·중·고 구별 없이 교실은 가로 7.5미터, 세로 9미터로 정해져 있고, 천장 높이와 창문 크기까지 정해져 있지.

부모님과 삼촌, 고모, 이모 등이 다닌 학교들은 표준설계도에 따라 붕어빵 찍어내듯 지어졌어. 표준설계도 제도는 1992년 학교 시설 현대화 사업이 시작되면서 공식적으로 폐지됐지만, 여전히 학교 건축은 표준설계도의 영향에서 자유롭지 못하지. 기존의 일자형 건물 형태가 기역자나 디근자 형태로 바뀌었을 뿐 다른 건 크게 달라지지 않았거든. 학생 통제가 쉽고 면적당 건축비가 싸다는 이유로 많은 학교들이 표준설계도에 따라 지어지고 있어. 또, 건축 허가를 내주는 일선 공무원들이 학교 설계를 심의할 때 표준설계도를 기준으로 삼기 때문이기도 해.

삭막한 운동장과 운동장 주변을 어떻게 바꿀 수 있을까? 운동장을 잘게 쪼개는 것도 하나의 방법일 거야. 그리고 곳곳에 숲을 조성하고 벤치를 놓아둘 수 있겠지. 서울 신현초등학교 운동장에는 '꿈을 담은 놀이터'가 있어. 꿈을 담은 놀이터는 흙더미가 쌓인 '바람의 언덕', 흰색 모래로 조성한 '하얀 세상', 나무 주변을 뛰어놀도록 한 '트리하우스', 사방치기 등을 할 수 있도록 꾸민 '레인보우 놀이터' 등 다채롭게 꾸며져 있지. 아이들은 다양한 높이의 흙더미를 오르내리며 뛰어놀지.

무엇보다, 녹지 공간을 늘려야 해. 건축가 루이스 칸은 "세상에 자연보다 더 좋은 선생님은 없다."라고 말했지. 아이들은 황량한 환경보다 초목이 많은 환경에서 놀 때 더 많은 창의성을 발휘할 수 있어. 녹지가 주의력결핍 과잉행동장애를 완화한다는 사실도 여러 연구를 통해 입증됐지. 영국 심리학자 폴 키드웰은 《헤드 스페이스Headspace》에서 자연이 부족한 도시 환경이 아이들을 망치고 있다고 꼬집었어.

운동장에 놀과 쉼이 가능한 공간을 만들고, 더 나아가 '열린 운동장'으로 만들 필요가 있어. 지역 주민들도 함께 이용할 수 있는 그런 공간으로 말이야. 군대식 문화라는 가짜 주인 말고 학교의 진짜 주인이 누구일까? 학교를 이루는 학생과 교사가 주인일 테지만, 또 다른 주인이 있지. 백윤애 선생님은 어느 글에서 학교의 진짜 주인은 '그 학교를 품고 있는 마을'이라고 했어. 통상 5년마다 학교를 옮기는 교사도, 3년을 지내고 학교를 떠나는 학생과 학부모도 학교의 영원한 주인은 되기 어렵겠지. 열린 운동장이 필요한 이유야.

건축가 유현준은 학교 운동장이 유럽의 광장과 비슷하다고 지적했어. 비행기를 타고 도시를 내려다보면 복잡한 도심 속에 일정한 간격으로 섬처럼 박힌 운동장을 볼 수 있는데, 유럽의 광장도 그렇다는 거야. 유현준은 《도시는 무엇으로 사는가》에서 유럽의 광장처럼 운동장 주변에 카페들과 상점들이 들어서면 '학교 중심의 공동체 형성과 학교의 보안 문제' 둘 다를 해결할 수 있다고 조언하지. 지역 주민들이 수시로 오가며 지켜본다면 범죄와 학교 폭력 등을 예방할 수 있다는 거야.

학교는 군대가 아니다

군인과 예술가는 정반대야. 군인은 타율적이지만, 예술가는 자유롭지. 군인은 주어진 명령에 절대 복종해야 하는 경우가 많지만, 예술가는 기존의 질서를 깨며 창조하는 사람이야. 그렇다면 학생은 군인에 가까워야 할까, 예술가에 가까워야 할까? 국가 주도의 산업화 시대에는 군인 같은 인재가 필요했을지 모르지만, 창의성이 화두인 4차 산업혁명 시대에는 예술가 같은 인재가 필요하지 않을까?

학생은 생각하는 존재야. 교사나 부모가 일방적으로 명령하고 지시하면 군인처럼 복종해야 하는 존재가 아니야. 학생은 그 명령과 지시의 정당성을 따져 묻는 존재지. 더불어 학생은 자기 삶을 디자인하고 창조하는 예술가이도 해. 자유로운 예술가들에게 군인들처럼 줄과 열을 맞추라고 가르치면 되겠어? 조회든 체육대회든 학생들을 줄지어 세워두는 건 맞지 않지. 그럼 어떻게 하냐고? 그냥 대충 모여 앉히면 되는 거야.

군대처럼 엄격한 위계질서가 버티고 있으면 존중과 배려는 설 자리가 없어져. 학교에는 지시, 복종, 상하上下 대신에 대화, 존중, 선후先後가 필요해. 선후는 왜냐고? 선생先生은 말 그대로 먼저 태어난 사람이거든. 먼저 태어나 먼저 배운 사람이 선생이야. 먼저 태어나서 먼저 배운 것 정도는 인정해주어야 한다는 거지. 다만 먼저 태어났다고 늘 윗사람이 되는 건 아니잖아? 선생은 늘 위에, 학생은 늘 아래에 있어야 할까? 교육은 상하 복종이 아니라 상호 존중을 통해 이뤄져야 해.

교사도 학생을 통해 배우고 깨닫는 게 있지 않을까? "나는 단 하나라도 배울 것이 없는 사람은 만나본 적이 없다"는 갈릴레오 갈릴레이(1564~1642)의 말을 떠올리지 않더라도, 가르치면서 많은 걸 배운다는 사실을 짐작해볼 수 있지. 모르는 것이 무엇인지 깨닫기도 하고, 문제를 전혀 다른 방향에서 생각할 수 있음을 알게 되고, 어떻게 설명해야 더 잘 이해시킬 수 있는지 배우기도 하지. 그렇다면 교사가 학생을 무조건 아랫사람 취급하는 게 타당할까?

학교의 구조는 잘 변하지 않지. 학교는 가장 느린 자동차와 같아. 세계적인 미래학자 앨빈 토플러(1928~2016)는 《부의 미래Revolutionary Wealth》에서 "기업이 시속 100마일로 가장 빠르게 변한다면, 비정부단체NGO는 90마일, 가족은 60마일, 노동조합은 30마일, 관료조직은 25마일, 그리고 학교는 10마일의 속도로 변한다"라고 했어. 학교라는 자동차는 바퀴가 흔들리고 엔진에서 짙은 연기가 뿜어져 나오지. 뒤따라오는 차까지 속도를 낼 수 없게 만들어. 물론 무조건 빨리 변하고 빨리 사라지는 게 꼭 좋은 일만은 아니야. 다만 어떤 제도가 제도를 만든 목적에 반한다면 그 제도를 바꾸는 게 맞지 않을까? 학교 건물의 구조가 학교의 목적, 즉 교육이라는 목적에 적합하다면 바꿀 이유가 없겠지만 그 목적에 부합하지 않는다면 바꿔야겠지.

아인슈타인은 "어제와 똑같이 살면서 다른 미래를 기대하는 건 정신병 초기 증세다"라고 말했어. 미래는 과거와는 완전히 다른 세상이 펼쳐진다고 하지. 그런 세상에서 아이들이 적응하려면 과거와 다른 교육이 필요하지 않을까? 학교가 변해야 해.

7

복도

차가움에서 따뜻함으로

"감옥이 공장이나 학교, 병영이나 병원과 흡사하고,
이러한 모든 기관이 감옥과 닮은 것이라 해서
무엇이 놀라운 일이겠는가?"

—미셀 푸코(철학자, 1926~1984)

학교의 시계는 멈춰 있다

대부분의 학교는 남향으로 지어지지. 그래서 운동장으로 난 창에서 햇빛이 눈부시게 들어와. 왼손을 쓰는 입장에서는 빛이 들어오면 공책에 그림자가 생기지. 학교 건물은 아이들이 오른손을 쓴다는 전제하에 설계된 거야. 이런 설계는 예부터 남향으로 집을 짓는 전통과 1962년 도입된 표준설계도의 영향이 크지. 그런데 남향으로 지어진 학교 건물은 학습에 도움이 될까? 몇몇 연구는 남향보다 북향이 학습에 이롭다고 결론 내리지. 가령 일본 건축가 구도 가즈미(1960~)는《학교를 만들자学校をつくろう!》에서 북쪽에 위치한 교실의 빛 환경이 안정적이기 때문에 한결 차분하고 안정된 공간이 된다고 설명했어.

이런 이야기를 꺼낸 이유는 학교 건축의 통념에 대해서 생각해보자는 뜻에서야. 우리에게 너무도 익숙해서 하나도 이상하지 않은 학교 건축에 대해 의문을 던져보자는 거지. 놀랍게도 오늘날의 학교는 일제 강점기에 만들어진 구조에서 거의 바뀌지 않았어. 할아버지가 다닌 학교와 아버지가 다닌 학교, 너희가 지금 다니는 학교가 다 똑같아. 너무나도 비슷해서 오히려 이질적인 느낌으로 다가오곤 하지. 그때 빠질 수 없는 것이 바로 학교 복도야.

교실에는 두 개의 창이 있어. 하나의 창으로 햇빛이 비치고, 다른 창으로는 복도가 보이지. 햇빛을 들이는 창은 운동장 쪽으로 난 창이고, 복도 천장이 보이는 창은 복도 쪽으로 난 창이지. 교실과 복도 사이에 있는 창은 좀 특이해. 빛을 내부로 들이는 보통의 창과 다르게 이 창은 그런 기능과는 거리가 있어 보이거든. 도대체 이 창의 용도는 무엇일까? 이 질문에 대한 답은 천천히 찾아보기로 하고, 문제를 하나 내볼게.

초·중·고등학교의 복도와 가장 유사한 복도가 어디일까?
① 대학교 복도 ② 미술관 복도 ③ 교도소 복도

정답은 바로 교도소 복도야. 일자형 복도는 감시와 통제가 쉽고 건축비가 싸다는 장점이 있어. 그러나 그것은 관리자나 교육 당국 입장에서 장점일 뿐이야. 배우는 사람 입장에서는 장점보다 단점에 가까워. 배우는 사람에게 단점일 수밖에 없는 학교 복도는 왜 반세기 넘게 그대로일까?

복도의 욕망과 억압

오스트리아의 화가이자 건축가 프리덴스라이히 훈데르트 바서(1928~2000)는 "직선은 신의 부재다. 자연에는 직선이 없 다"라고 이야기했지. 자연은 모두 곡선으로 이루어져 있어. 곡 선은 부드럽고 포근한 느낌을 주지. 돔 천장, 둥근 텐트, 펼친 우산, 감싼 보자기처럼 곡선은 품어주는 공간과 잘 어울려. 스 페인 건축가 안토니오 가우디(1852~1926)가 만든 세계적인 건 축물 카사 밀라, 카사 바트요, 구엘 공원, 사그라다 파밀리아 성 당 등은 모두 곡선으로 이루어져 있지. 더 '자연'스러운 아름다 움을 구현하기 위해 고심한 결과야. 가우디 역시 "자연은 항상 열려 있으며 힘써 읽기에 적절한 위대한 책이다"라고 말했어. 건축을 자연에서 배운 가우디는 건축물에 자연을 담으려 했고, 그래서 곡선을 적극적으로 활용했어.

길에도 직선과 곡선 두 종류가 있지. 근대 이후 만든 도로는 모두 직선이야. 반면 오래된 길은 거의 곡선이지. 오래된 길은 사람이 다니면서 자연스럽게 만들어졌기 때문이야. 유럽의 오래된 도시와 골목은 독특한 정취를 풍기곤 해. 우리나라 서울 역시 북촌, 정동길, 삼청동, 경리단길 등이 모두 곡선의 길을 자랑하지. 이런 길을 걸을 때의 재미는 바로 곡선에서 나오지. 구불구불한 골목을 돌 때마다 바뀌는 풍경을 만나는 재미 말이야. 많은 것들이 숨어 있고 그걸 발견하는 재미가 있기 때문에 이곳에 사람들이 몰리는 거지. 그러나 쭉쭉 뻗은 직선은 걷는 맛이 별로 없어. 풍경이 훤히 눈앞에 펼쳐져 발견하는 재미가 없기 때문이야.

학교는 직선과 네모에 둘러싸여 있지. 가장 대표적인 게 복도야. 학교 복도는 실내면서 실외와 다름없어. 한여름과 한겨울, 복도에 있으면 냉난방이 거의 되지 않거든. 실외도 아니고 실내도 아닌 어중간함, 그것이 학교 복도가 처한 현실 아닐까? 복도는 낭만이 있거나 머물고 싶은 공간이 아니야. 앉아서 쉴 곳이 전혀 없고 볼거리도 없는, 오직 직진만 허락된 회색의 공간일 뿐이야. 빨리 이동하는 통로에 불과하지.

직진만이 허락된 공간 안에서 아이들은 마구 달리기도 해. 핀볼 게임기 안을 정신없이 오가는 구슬들처럼 쉬는 시간 아이들은 복도를 질주하고 뛰어다니지. 발광하는 아이들을 보며 어

른들은 '중2병'을 운운하기도 해. 아, 재미있는 사실 하나 알려
줄까?

"요즘 아이들은 폭군이다."

2400년 전, 철학자 소크라테스가 남긴 말이라고 해. 덧붙여
이런 말도 했다지.

"요즘 아이들은 사치를 좋아한다. 버릇이 없고 권위를 조롱
하며 어른을 존경하지 않는다. 일하고 행동하지 않고 입만 살
았다."

기원전 1700년경 고대 수메르인이 남긴 점토판에도 '요즘
젊은것들은 버르장머리가 없다', '철 좀 들어야 한다' 등 아이
들을 나무라는 내용이 있었다고 해. 그 옛날에도 이런 생각을
했었다니 신기하지 않니?

다시 돌아와서, 아이들이 쭉 뻗은 일자형 복도 끝에 서면 어
떤 충동이 들까? 혈기 왕성한 아이들이라면 달리고 싶은 욕구
가 생기지 않을까? 그런데 학교는 아우토반을 만들어놓고선
무조건 뛰지 말라고 윽박지르지. 욕구와 규범이 충돌하는 거야.
아이들 입장에서는 이해하기 어렵겠지. '뛰기 좋게 만들어놓고
왜 뛰지 말라는 거지?'라고 반문할 수밖에 없어. 아이들이 보기
에는 이상한 규범으로 자신들을 통제하는 거지.

'중2병'이라며 그냥 넘기지 말고 청소년 입장에서 생각해

볼 필요가 있어. 청소년과 어른 사이에 갈등 상황이 벌어졌을 때 과연 청소년의 내적 문제에서 비롯한 건지, 청소년이 처한 환경에서 비롯한 건지 말이야. 청소년기는 자기 정체성을 형성하는 시기지. 일종의 '독립 투쟁기'야. 가까운 관계에서부터 독립을 요구하고 쟁취하려고 하지. 따라서 부모나 교사가 투쟁의 대상이 되기 쉬워. 이때 어른들이 청소년의 홀로서기에 협조적이면 건강한 자립을 이룰 수 있지만, 비협조적이면 반항의 길로 들어서게 되지.

복도에서 직선과 더불어 눈에 띄는 것은 '금지'야. 복도에서 뛰지 말라는 건 대표적인 금지사항이지. 그 외에도 금지와 주의를 나타내는 표어들은 흔해. '뛰지 마시오', '복도에선 조용히', '뛰지 말고 우측통행', '뛰거나 장난치지 마세요', '공놀이나 술래잡기 금지', '(계단 밑에) 주머니에서 손 빼기' 등등. 일부 초등학교엔 '친구와 어깨동무를 하고 다니지 맙시다' 같은 금지사항이 걸려 있기도 해. 마주 오는 학생과 부딪치지 않도록 한 줄로 다니라는 주의사항이겠지. 하지만 온통 '금지'로 채워진 학교라는 공간이기에 적어도 쉬는 시간에 숨통을 열려고 나가는 복도에서만큼은 금지가 아니라 '권장'의 언어를 쓰면 어떨까. 금지를 강조하는 학교가 학생들에게 바라는 건 단순하지. 딴짓을 하든 잠을 자든, 수업을 방해하지 말고 사고만 치지 말라는 거야.

잠깐 멈춤, 잠시 쉼, 그런 건 복도에 어울리지 않아. 복도는 그저 목적하는 곳으로 가장 빠르게 가는 통로일 뿐이야. 모두가 앞만 보며 달리는 경주마가 되어야 할 것 같지. 흡사 우리네 삶과 닮아 있어. 여행지로 가는 길은 여행일까, 아닐까? 지금처럼 대중교통이 발전하기 전에는 그것조차 여행이었는데 지금은 '주파走破한다'는 개념에 가까운 것 같아. 여행은 여행지에 도착하면서부터 시작되는 거고, 여행지까지는 그저 빨리 이동하는 것만이 중요하지. 학교 복도도 다르지 않아. 복도에서 잠시 멈춰서 쉬는 건 사치야.

빈틈없고 숨 막히는 학교에는 틈새가 필요해. 길게 뚫린 복도가 아니라 시선을 가릴 굴곡과 틈새 공간 말이야. 북유럽의 학교들은 우리와 많이 다르다고 해. 가령 덴마크 학교들의 복도에는 학생들을 위해 의자와 소파를 놓아둔다지. 학생들은 그곳에서 자유롭게 이야기도 나누고 편히 쉴 수도 있지. 이들에게 복도는 쉼과 어울림의 공간인 거야. 복도 창은 어떨까? 이중창, 삼중창으로 되어 있어. 냉난방이 전혀 안 되는 우리나라 학교들과는 완전히 다르지. 이제는 우리도 복도를 단순 이동 공간에서 생활 공간으로 바꿔야 하지 않을까?

감옥을 닮은 학교

기다란 복도에 닭장처럼 늘어선 교실들. 이런 건물 구조는 관리자의 편의성을 최우선에 두고 만들어졌어. 한쪽으로 쭉 이어진 복도 옆으로 똑같은 교실들이 배치된 구조 덕분에 복도에 누가 나와 있는지 한눈에 확인할 수 있지. 쉬는 시간이 끝나도 교실로 들어가지 않은 학생이 있다면 대번에 눈에 띨 수밖에 없어. 소수의 관리자가 다수의 수용자를 관리하고 통제하기 쉽도록 만들어진 거야.

교실 안에서 복도를 향해 나 있는 창 역시 감시용이지. 복도 밖에서 언제든 교실 안을 들여다볼 수 있거든. 복도 창이 감시용이라는 건 지나친 비약 아니냐고? 좋아, 그렇다면 건축의 기본으로 돌아가서 생각해보자고. 창문의 본질적 기능은 무엇일까? 집이든 건물이든 창을 만드는 이유가 뭘까? 해가 드는 창은 밝지. 즉 실내로 따뜻한 빛을 들여오기 위해서 창을 낸다고 볼 수 있어. 집 밖을 보거나 풍경을 감상하고 실내를 환기하기 위해 창을 내기도 하지만 기본적으로 창의 기능은 실내로 햇빛을 들이기 위함이야.

학교 복도의 창은 빛과 그다지 상관이 없어. 운동장 쪽으로 난 창은 햇빛과 관련되지만, 그 반대편에 있는 창은 빛과 관련

되지 않지. 대개의 학교는 남향으로 지어져 있기 때문에 운동장 쪽 창으로 햇빛이 잘 들어오는 반면에, 북쪽을 향하는 복도 쪽 창은 들어오는 빛이 상대적으로 적거든. 복도 창은 풍경과는 더더욱 거리가 멀지. 운동장 쪽 창과 달리 복도 쪽 창은 마땅히 볼 것도 없어.

그럼 복도로 난 창의 진짜 용도는 무엇일까? 결국 남는 건 밖에서 안을 들여다보기 위한 용도겠지. 일차적으로 선생님이 학생들을 감시하는 용도야. 교장실, 교무실, 행정실 등과 비교하면 그 차이가 분명하게 드러나지. 이 공간들은 복도 창이 아예 없거나 있다 해도 안을 들여다볼 수 없도록 불투명한 유리가 끼워져 있어. 교실은 밖에서 들여다볼 수 있는데 교장실, 교무실, 행정실 등은 밖에서 들여다볼 수 없지. 문을 통하지 않고는 그 안에서 무슨 일이 벌어지는지 전혀 알 수 없는 거야.

복도 창이 일반적인 창과 다른 점은 설치된 높이에서 발견되지. 보통의 창은 앉은 자세에서도 창밖을 내다볼 수 있어. 반면에 복도 창은 선 자세로만 안팎을 볼 수 있지. 이것만 봐도 앉아서 공부하는 학생들을 위해 복도 창을 만든 게 아니란 사실을 알 수 있어. 복도 창은 야간 자율학습 때 아주 효과적이야. 감독 선생님은 복도로 난 창을 통해 학생들을 볼 수 있지만, 고개를 숙인 학생들은 선생님이 언제 지나가는지 알기 어렵거든.

덕분에 적은 수의 감독관만으로도 효율적인 감시와 통제가 가능해.

나아가 관리자가 선생님을 감시하는 용도이기도 해. 교장이나 교감 등 관리자가 수업을 감시하고 수업에 참견하는 매개체로 사용될 수 있어. 교사라는 감시자 역시 또 다른 감시자에 의해서 감시받는 거야. 대학 강의실과 비교하면 차이가 확실해지지. 대부분의 대학 강의실은 복도에서 강의실을 들여다볼 수 있는 창이 없어. 복도에서 감시할 일도 사람도 없으니까. 만약 대학 총장이나 학장이 복도에서 교수의 수업을 감시한다고 해봐. 교권 침해로 난리가 날 거야.

물론 학교의 복도나 복도 창이 감시 목적으로 쓰이지 않을 수 있어. 학교마다 다를 수 있겠지. 문제는 그것이 감시의 도구로 사용될 가능성을 내포한다는 점이야. 마음만 먹으면 언제든 그런 기능으로 쓸 수 있는 거지. 결국 학생들은 수용자와 다름없는 신세인 거야. 누군가에게는 '감옥 같은 학교'가 아니라 '학교가 곧 감옥'일 수 있지. 거듭 강조하자면 학교는 감옥이어선 안 되고 학생도 죄수처럼 취급되어선 안 돼.

복도

파놉티콘, 감시받는 자들의 사회

뒤쪽에 서 있는 시험 감독관에 대해서 이야기했던 것 기억할 거야. 보이지 않음으로써 오히려 감시의 효율을 더욱 높인다고 말이야. 이를 건축물에 구현한 인물이 '최대다수의 최대행복'으로 유명한 공리주의 철학자 제러미 벤담(1748~1832)이야. 1791년 벤담이 만든 건축 양식인 '파놉티콘panopticon'이 그러한 원리를 구현한 감시 체제라고 할 수 있어. 파놉티콘은 일망一望 감시 장치로 이루어진 원형 감옥이야. '모두pan'를 '지켜본다opticon'는 뜻이지.

1791년 설계된 파놉티콘은 죄수들을 효과적으로 감시할 목적으로 고안됐어. 감옥의 중앙에 높은 감시탑이 있고, 감방들이 중앙 감시탑을 빙 두르고 있지. 감시자는 딱 중앙에서 360도로 어느 곳이든 감시할 수 있어. 또, 중앙 감시탑은 어둡게 하고 감방은 밝게 해 중앙 감시탑에서는 감옥 안의 수감자를 볼 수 있지만 수감자는 감시탑 안의 감시자를 볼 수 없지. 덕분에 최소한의 감시자로도 최대한의 수감자를 효율적으로 감시할 수 있어. 여기까지만 보면 특별할 게 없어 보이지. 그런데 파놉티콘에는 우리 의식에 중요한 영향을 미치는 '감시의 원리'가 숨어 있어.

프레시디오 모델로 감옥(2005). 파놉티콘 양식으로 지어진 쿠바의 감옥이다.
중앙의 감시탑에서 효율적으로 사방을 감시할 수 있다(아래).

수감자는 감시의 시선이 보이지 않을수록 그것을 더욱 의
식하게 돼. 감시자를 볼 순 없어도 수감자가 항상 감시받고 있
다고 느끼는 거야. 즉 '감시의 내면화'지. 쉽게 말해 스스로 감
시하고 조심하는 거야. 감시의 내면화는 매우 효율적인 감시
원리라 할 수 있어. 수감자들이 항상 감시받고 있다고 의식하

복도

는 것만으로도 족하거든. 이로 인해 수감자들은 교도소 규율을 어기려는 마음을 억누르고 자발적으로 질서를 따르게 되지. 타인이 감시하고 있다는 의식이 행동을 지배하는 거야.

물론 학교에는 전체를 일망 감시할 중앙 감시탑도, 전체를 훤히 내려다볼 감시 초소도 따로 없어. 다만 복도 창을 통해 모든 교실을 들여다볼 수 있다는 가능성 때문에 교사와 학생들은 긴장하지. 이쯤에서 CCTV에 대해 생각해볼까? 요즘 학원들은 유행처럼 강의실에 CCTV를 설치하고 있어. 안전과 도난 등의 범죄를 예방하기 위한 조치라고 주장하지만, 실상은 강사와 학생을 감시하려는 목적이 크지. 복도로 난 창이든 CCTV든, 여기에는 중요한 효과가 숨어 있어. 감시의 시선을 삶의 일부로 자연스레 받아들이도록 하는 효과야.

미셸 푸코는 감옥이 공장이나 학교, 병영이나 병원과 흡사한데 이러한 모든 기관이 감옥과 닮은 것이라고 해서 무엇이 놀라운 일이겠느냐며 많은 시설이 감옥과 닮았다고 꼬집었어. 푸코는 감옥, 공장, 학교, 병영, 병원 등 근대의 거의 모든 시설이 파놉티콘 형태로 되어 있다고 지적했지. 푸코는《감시와 처벌》에서 "파놉티콘의 적용은 다방면에서 이루어진다. 그것은 죄수를 교화하는 효과뿐만 아니라, 병자를 간호하고 학생을 교육하며, 광인을 가두고, 노동자를 감시하거나, 걸인이나 빈둥거리며 태만한 자를 일하게 만드는 효과를 거둔다"라고 했어.

사람들은 감시의 힘을 가벼이 여기곤 해. 그러나 타인의 시선은 우리가 생각하는 것보다 더 힘이 세지. 조깅하는 사람들은 타인이 보고 있다고 생각할 때 더 열심히 달리는 경향이 있어. 공중화장실에 혼자 있을 때보다 다른 사람들이 있을 때 볼일을 본 뒤 손을 씻는 빈도가 높아. 불우 이웃 돕기 성금을 봉투에 넣어서 내도록 하면 모금액이 확 줄어들지. 봉투에 넣으면 돈이 안 보이게 되잖아. 시험장의 조명 개수가 적을수록 커닝 등 부정행위 횟수가 늘어나지. 어두울수록 들키지 않을 거라고 생각해서야. 다른 사람의 시선이 우리 행동에 영향을 주는 거야.

결국 양심의 뿌리에는 누군가 자기를 지켜보고 있을지 모른다는 생각이 자리한다고 볼 수 있어. 즉 도덕과 양심은 다른 어딘가가 아니라 타인의 시선이 머무는 곳에서 시작하지. 철학자 미셸 푸코는 '사회규범이란 타인이 나를 보고 있다는 사실을 사회 구성원들이 지속적으로 의식하도록 만드는 장치'라고 규정했어. 결국 개인의 윤리란 타인이 나를 보고 있다는 사실을 내재화한 결과라는 거야.

일렬로 쭉 뻗은 복도, 복도로 난 교실 창. 이런 틀에 박힌 구조 말고 다른 복도는 정말 불가능한 걸까? 경기도 남양주시에 있는 동화고등학교는 '삼각학교'로 유명해. 하늘에서 신축 건물을 내려다보면 삼각형 모양이거든. 당연히 복도도 일반 학교와 달리 삼각형으로 각이 져 있지. 일망 감시가 쉽지 않은 구조야. 일본에 있는 후지유치원은 지붕이 원형으로 넓게 만들어졌어. 아이들은 원형으로 된 유치원 옥상을 마음껏 뛰어놀 수 있지.

수많은 트루먼들

어느 날 하늘에서 조명이 떨어진다면 어떨까? 영화 〈트루먼 쇼〉(1998)는 그렇게 시작해. 서른 살의 보험회사 직원 트루먼 버뱅크의 일상을 220개국 17억 인구가 지켜보지. 5천 대의 카메라가 그의 하루하루를 낱낱이 보여주거든. 알고 보니 트루먼의 인생은 트루먼 몰래 진행되는 '리얼리티 쇼'였어. 트루먼은 자신의 생활이 방송되고 있다는 사실을 전혀 모르지. 그가 어릴 때부터 살아온 섬은 외부인의 출입이 통제된 거대한 세트장이란 것도. 방송은 트루먼이 태어난 순간부터 성인이 될 때까지 하루도 빠짐없이 이어졌어.

어쩌면 학생들 역시 학교에서 트루먼의 삶을 살고 있는 건 아닐까? 가끔 학교로 강연을 갈 때면 낯설게 다가오는 공간이 바로 복도야. 복도는 어둡고 차갑지. 예나 지금이나 학교라는 공간은 크게 변하지 않아서 복도에서 느껴지는 황량함이 아직도 그대로인 것 같아. 직선만 가득한 쭉 뻗은 복도. 모든 것들을 단번에 알아볼 수 있고, 그렇기 때문에 감시 기능에 최적화된 공간이 바로 복도지. 앞서 살펴본 것처럼 복도 창의 감시 기능도 빼놓을 수 없고.

이런 문제의식을 바탕으로 학교를 바꾸려면 어떻게 해야 할까? 복도로 난 창을 아예 없애고 교실을 더 꽉 막힌 공간, 꼭꼭 닫힌 공간으로 만들어야 할까? 아니, 정반대야. 교실을 더 활짝 열어야겠지. 다만 그것은 감시를 위한 목적이 아니야. 교실 안팎이 통하고 숨길을 열기 위한 방편이지. 복도 그 자체도 마찬가지야. 너희에게 복도는 기껏해야 이동 통로이자 벌을 받는 공간일 뿐이잖아. 복도 역시 쉼과 어울림의 공간으로 바뀌어야 해.

더불어 다른 닫힌 공간들도 함께 열어야 할 거야. 교장실이 대표적이야. 교장실은 학교에서 가장 폐쇄적인 공간이라 할 수 있지. 교장 말고는 거의 접근이 불가능하거든. 학생이 교장실을 드나드는 건 쉽게 볼 수 없지. 교사들도 잘 들어가지 못하기는 마찬가지야. 교무실, 행정실 같은 교직원실은 좁아터져도 교장실은 대개 공간이 넓어. 넓은 공간을 커다란 가죽 소파와 난초가 차지하고 있지.

학교에 교장실이 꼭 필요한 걸까? 일부 학교는 교장실을 적극적으로 개방하기도 해. 통유리로 만들어서 안이 훤히 보일 수 있도록 하고 누구나 교장실을 자유롭게 드나들 수 있도록 하는 학교도 있어. 개방과 공유를 통해 모든 공간이 평등하게 열릴 수 있다면 교실이 외부에 더 노출되는 형태가 되더라도 상관없을 거야.

가장 인위적인 것 중 하나가 반듯하게 곧은 선이야. 앞서 지적했듯이 자연은 직선을 만들지 않지. 자연은 부드럽게 굽은 선과 울퉁불퉁한 면들로 가득하지. 곡선과 틈새를 늘릴수록 학교는 살아 숨 쉬는 공간이 될 거야. 숨길이 트이고 숨을 쉴 수 있는 학교가 진짜 학교니까.

8
교무실
교사가 없는 교무실

"교육자 자신도 교육받아야 한다."

─카를 마르크스(철학자, 1818~1883)

침팬지와 보노보

침팬지는 엄격한 위계질서를 바탕에 둔 수컷 중심의 사회를 이루고 살아. 영국 동물학자 제인 구달(1934~)에 따르면 침팬지는 무리 지어 잠복했다가 한 마리를 떼 지어 공격하는 보복성 살해를 한다고 해. 아프리카에 서식하는 차크마개코원숭이도 앞서 침팬지처럼 난폭하기로 유명하지. 새끼 차크마개코원숭이에게 가장 큰 위협은 바로 수컷이야. 수컷은 어린 새끼를 기르는 암컷들과 교미하기 위해 새끼를 죽여버린다고 해. 새끼들 가운데 절반이 그렇게 희생되지.

반면에 보노보는 아주 느긋하고 평화적이야. 보노보는 침팬지와 다르게 암컷 중심의 사회를 이루지. 보노보는 스트레스를 받으면 짝짓기와 양육을 통해 갈등이 더 큰 폭력으로 번지는 것을 막는다고 해. 또한 어느 동물보다 상대의 고통과 기쁨을 쉽게 알아채고 공감한다고 하지.

침팬지와 보노보는 250만 년 전쯤 공동 조상에서 갈라져 나왔어. 더 거슬러 올라가면 인간은 550만 년 전쯤 유인원과 결별했지. 그렇지만 인간과 가장 가까운 계통이 침팬지속이고, 이 침팬지속에 속한 두 종이 바로 침팬지와 보노보야. 세계적인 영장류학자인 프란스 드 발(1948~)은 《내 안의 유인원Our Inner Ape》에서 침팬지가 우리에게 씌어진 '악마의 얼굴'이라면, 보노보는 '천사의 얼굴'이라고 말했어. 침팬지는 폭력으로 권력을 얻고, 보노보는 짝짓기로 평화를 얻어. 침팬지가 공격적이라면, 보노보는 평화적이라고 할 수 있지. 인간의 내면에는 침팬지와 보노보가 다 들어 있어. 수직적 위계에 골몰하다가도 수평적 평등을 추구하기도 하거든.

우리 안의 침팬지가 커질수록 학교는 거대한 피라미드가 되지. 위계라는 돌로 층층이 쌓아올린 권력의 피라미드 말이야. 임정훈 선생님은 《학교의 품격》이라는 책에서 학교 내 권력 관계를 '교장·교감, 남교사(체육 교사·생활지도부 교사), 일진·우등생, 나이 든 여교사, 젊은 여교사, 보통 아이들, 왕따 아이들' 순으로 정리했어. 이런 학교 내 권력 관계를 극명하게 드러내는 곳이 바로 교무실이야.

교무실

교무실의 자리 배치를 보면 누가 위고 누가 아래인지를 한 눈에 알 수 있어. 교감이나 부장 교사는 출입문에서 가장 떨어진 안쪽에 자리 잡지. 이곳은 다른 교사들을 관찰하기 좋은 위치야. 문으로 오가면서 다른 교사들의 책상을 수시로 엿볼 수 있거든. 안쪽에 앉을수록 자기 책상이나 컴퓨터 모니터를 다른 사람에게 노출시키지 않을 수 있지. 그만큼 사생활 보호가 용이해. 반면 출입문에 가까이 앉을수록 자기 자리가 노출되기 쉽지. 자연히 이런 자리는 신입 교사의 차지일 가능성이 높아.

옆 도면에서 왼쪽은 기존 교무실의 자리 배치고, 오른쪽은 이를 좀 더 평등하게 조정한 자리 배치야. 기존 자리 배치에서 부장은 평교사들을 관리하는 위치에 있는 반면, 평등한 자리 배치에서 부장의 자리는 평교사들 속에 섞여 있지. 이게 왜 평등한 거냐고?

회사에서 회의를 한다고 해봐. 상사가 상석에 앉지 않겠어? 왼쪽 같은 자리 배치가 될 테지. 반면 친구들 모임은 원형 탁자가 어울리지 않을까? 원형 탁자의 좌석은 모두 수평적이라서 딱히 상석이 없어. 원형 탁자가 가장 수평적이지만, 수십 명의 교사들이 근무하는 교무실에는 원형 탁자가 들어가기에 현실적으로 공간이 부족해. 나아가 지금의 교무실은 수평적이지도 않지. 교무실이 왼쪽과 같은 형태를 띠는 이유야.

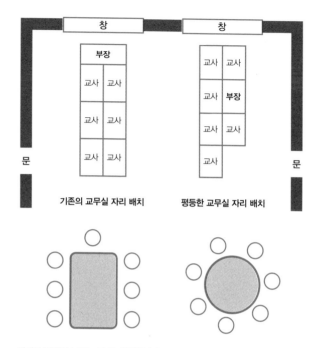

| 창 | 창 |

부장	
교사	교사
교사	교사
교사	교사

교사	교사
교사	부장
교사	교사
교사	

기존의 교무실 자리 배치　　평등한 교무실 자리 배치

상석이 분명해 보이는 좌석 배치(왼쪽)와 모두가 평등해 보이는 좌석 배치(오른쪽).

침묵이 흐르는 공간

교사가 교재를 준비하는 등 여러 가지 일을 맡아보는 곳.

(표준국어대사전)

교사들이 학교 업무를 보거나 수업을 준비하는 곳.

(고려대한국어대사전)

교무실

대표적인 국어사전에 나온 '교무실'에 대한 뜻풀이야. 그런데 교무실에서 교사들은 수업 준비보다 다른 일로 바쁜 게 현실이지. 소설가 박민정은 《매독》에서 "교무실은 간혹 강력계 사무실 같았다", "대개의 형사들은 담배를 문 채 컴퓨터 모니터를 노려보곤 했다"라고 서술했어. 담배를 피우는 대신 잘근잘근 은단을 씹는 점만 다를 뿐, 교사들 역시 모니터를 뚫어져라 응시하지. 모니터에 떠 있는 건 게임이 아니라 문서들이야. 교무실은 '문서 귀신들'이 사는 PC방과 다르지 않지.

교무실이 이렇게 된 데는 학교가 평등하지 않은 탓이 있지. 평등하지 않은 공간은 많지만 그중에서 가장 대표적인 공간이 바로 교무실이야. 학생들은 교무실의 분위기를 잘 모르겠지만, 사실 교무실은 침묵의 공간에 가깝지. 사회학자 엄기호는 《교사도 학교가 두렵다》에서 교무실에는 '천 개의 섬'이 떠 있다고 했어. 관계가 끊어져 있고 침묵만 섬처럼 떠 있다는 거지. 교무실에 대화나 웃음이 없다는 이야기가 아니야. 당연히 친한 선생님들끼리는 대화도 하고 농담도 주고받지. 문제는 중요한 결정이 이뤄질 때 대화가 없다는 거야.

가령 매주 열리는 교무회의를 볼까. 교무회의는 이름과 달리 의견을 주고받는 일이 없어. 일방적인 지시와 전달사항만 있을 뿐이야. 교무부, 교육연구부 등 각 부서별 전달사항이 하달되고 나면 교무회의가 끝나지. 모여서 의논한다는 의미지만 실상은 회의가 아니야. 교무실 안에는 교장-교감-부장-평교사-기간제 교사로 이어지는 계급 사슬이 존재하지. 인턴 교사, 시간 강사, 교무행정사 등은 맨 밑을 차지하고 있어.

우리 사회는 위계의식과 서열 문화가 매우 강하지. 입학 연도, 입사 연도, 직위나 직급을 따지는 게 서열 문화야. 윗사람과 아랫사람, 관리자와 평사원(평교사), 상사와 부하, 교사와 학생, 선배와 후배 사이에는 건널 수 없는 간극이 있지. OECD 회원국 중 한국에만 있는 독특한 문화가 있어. 가령 주말에 회사에서 단체로 등산을 가는 문화가 그렇지. 주말은 업무가 끝나고 쉬는 날인데, 집에서 불려 나와 산으로 출근하는 거야. 서양에서는 상상하기 힘든 일이지. 과도한 '윗분 모시기'와 상명하복 질서의 결과야.

기수 문화는 대표적인 서열 문화라고 할 수 있어. 조직에 들어온 순서에 따라 승진하거나 더 나은 대우를 받는 걸 기수 문화라고 부르지. 기수 문화 등 선후배 문화가 강한 조직들로 군대, 법원, 검찰, 언론, 대학 등을 들 수 있어. 법조계에서 특히 기수 문화를 강조하는 걸로 알려져 있지. 신문 기사를 보면 법조계 인사의 이름 뒤에는 늘 '사법연수원 ○기' 같은 표현이 따라붙어. 대표적인 조직이 검찰이야. 검찰에선 아래 기수의 인물이 검찰총장에 임명되면 기수가 높은 선배와 기수가 같은 동기들이 줄줄이 옷을 벗는다고 해.

정도는 조금 덜하지만, 일반 회사나 대학 사회도 크게 다르지 않지. 대학교 신입생 환영회에서 신고식이랍시고 단체 기합을 주는 게 대표적이야. 그 외에도 선배를 보면 달려가 90도 인사를 한다든지, 심지어 복장이나 두발 등을 규제하기도 하지. 전형적인 군대식 문화라고 할 수 있어. 기수 열외라는 것도 있지. 대한민국 해병대에서 행해지는 특유의 집단 따돌림이야. 엄격한 기수 문화를 유지하기 위해서 기수 문화에 반발하는 사람을 집단적으로 따돌리는 거지. 젊은 장병들 사이에서 여전히 행해지는 악습이야.

나이가 곧 권력이야. 나이를 기준으로 위아래를 나누고 상대를 대하는 방식, 즉 존대할지 하대할지를 결정하지. 그래서 어른들이 사람을 만날 때 나이나 학번 등을 확인하려고 하는 거야. 나이를 알아야 말을 높일지 낮출지 결정할 수 있기 때문이지. 서로의 나이를 모르면 어색해하기도 해. 서열과 높낮이가 정해지지 않은 관계에 서툰 탓이야. 나이에 따른 역할이 규정되고, 거기에서 벗어난 행동을 하면 질타, 멸시, 배제 등 사회적 처벌이 따르지. 아동과 청소년의 흡연과 음주가 극단적으로 금기시되는 이유도 여기에 있어. 물론 어른들은 건강 때문이라고 말하지. 부모님이야 자식 건강을 생각할 수 있지만, 전혀 모르는 타인은 왜 그러는 걸까? 가령 길거리에서 청소년이 담배를 피우면 핏대를 세우는 어른들 말이야.

서열 문화는 빠르고 효율적인 관계 설정을 가능하게 하지. 서열 문화에 적응하면 편해지는 이유가 여기에 있어. 그러나 문제는 관계가 유연하거나 창의적인 단계로 발전하기 어렵다는 점이야. 하급자 생각을 잘 받아들이지 못하기 때문이지. 하급자가 맞는 말을 해도 하급자의 의견이라는 이유로 무시당하기 쉽거든. 창조적 아이디어가 꽃피기 어려운 구조야.

갑질 문화도 위계적인 문화의 연장선에 있지 않을까? 사람 사이에 엄격한 위아래를 구분하는 사람은 자신이 높은 위치에 있다고 여기면 자기보다 낮은 위치에 있는 사람에게 함부로 해도 된다고 생각하지. 지금은 '민주주의'로 번역되는 'democracy'의 최초 번역어가 뭔 줄 알아? 놀랍게도 '하극상下剋上'이었어. 계급이 낮은 사람이 규율을 무시하고 계급이 높은 사람에게 반항할 때 쓰는 말이야. 주로 군대에서 부하가 상관의 명령을 거부하고 대들 때 쓰지. 하지만 위아래의 개념이 깨지고 모두가 같은 선에 있을 때 민주주의가 성립할 수 있어.

학교를 지배하는 질서, 위계질서

"교장실은 안 가고 싶어요. 교장 선생님이 뭐라고 할 것 같아요. 잘못한 게 있는 건 아닌데도요."

"교장실이요? 뭔가 일이 날 것 같은……. 싫어요. 그쪽으로 가면 교장 선생님이 있으시니까 왠지 퇴학당하거나 그런 생각이 들어요."

김아영 교육학 박사가 2012년 발표한 〈초등학생의 학교 공간 경험에 관한 연구〉라는 논문에 소개된 내용이야. 교장실을 어떻게 생각하는지에 대해 질문 받은 초등학생들이 답변한 내용이지. 교장 선생님은 학교에서 가장 높은 사람인 데다 선생님들조차 어려워하니까 초등학생들 입장에서는 더 어려울 수밖에 없어.

교무실은 교장을 정점으로 한 위계질서의 공간이야. 서울시 교육청 교육연구정보원이 2015년 발표한 〈학교장의 민주적 의사결정 방식과 교사의 직무 몰입 간의 관계〉라는 논문에 따르면, 학교를 운영하는 과정에서 학교장이 교사들의 의견을 많이 반영할수록 교사의 수업 몰입도가 크지. 의사결정에 많이 참여하는 학교의 교사들은 수업 몰입 수준이 35.3퍼센트인 반면, 의사결정 참여도가 낮은 학교의 교사들은 수업 몰입도가 16.7퍼센트에 불과했어. 교무실의 수직적이고 위계적인 분위기가 교무실 바깥으로 이어진다는 사실을 보여주지.

콘크리트처럼 강한 위계질서가 학교를 지배하고 있어. 학교에는 오로지 높고 낮은 위계를 보여주는 공간만 있을 뿐 평등한 관계를 보장하는 공간이 거의 없어. 학교에서 벌어지는 많은 문제가 교무실에서 시작된 건 아닐까? 평평하지 않은 공간이 교무실에서 복도로, 각 교실로, 또 학교의 수많은 공간으로 점점 더 퍼진 건 아닐까? 교무실이 평평하지 않을수록 교실도 평평하기 어려워. 교무실에서 존중받지 못한 교사가 교실에서 학생을 존중하지 못하는 것은 어쩌면 당연한 일 아닐까?

"혁신학교에서는 '벌떡' 일어나서 말을 해도 누구 눈치를 보지 않아도 되었고, 문제를 제기해도 부정적이라고 말하지 않았다."

이부영 선생님이 어떤 글에서 밝힌 내용이야. 선생님의 말처럼 보통의 학교는 그 반대에 가까울 거야. 교무실에서 옳다고 생각하는 걸 떳떳하게 말할 수 없다면 그 학교는 결코 민주적인 학교라고 말하기 어렵지. 앞서 살핀 교무회의뿐만 아니라 학교 내의 각종 위원회도 비슷해. 위원회를 통해 학교 구성원인 교사와 학부모 등의 의견을 수렴하는 절차가 있지만 대개는 요식행위에 불과하지. 자유롭게 의견을 나누고 그렇게 모인 의견을 바탕으로 중요한 결정을 내릴 수 있을 때 민주주의가 작동한다고 말할 수 있어.

민주주의는 침묵이 아니야. 침묵이 지배하는 교무실은 교무실이 민주주의와 거리가 멀다는 것을 방증하지. 어느 공간이든 마찬가지야. 학교든, 군대든, 회사든 구성원들이 침묵하는 곳에서는 민주주의가 꽃필 수 없어. 민주주의는 소란스러움이야. 마치 오케스트라와 같아. 오케스트라는 다양한 악기들의 소리가 어우러져 하모니를 이루지. 다양한 목소리가 웅성거릴 때라야 민주주의가 살아 있는 거야. 건강한 민주주의는 시끌벅적하지. 평평함이 평범한 것이 될 때 학교는 달라질 수 있어.

학교가 이렇게 된 걸 교사들만 탓할 순 없지. 개인의 잘못이라기보다 구조 자체가 잘못됐다고 봐야지. 그렇다고 또 구조만 탓하고 있을 순 없어. 구조만 탓하면서 바뀌기를 기다린다면 아무것도 달라지지 않을 테니까. 그런 구조를 떠받치는 것은 개인이야. 개인은 구조와 제도의 일부며, 지금 이 순간에도 수많은 개인이 구조와 제도가 유지되게끔 복무하고 있지. 구조를 바꾸기 위해 나 함께 노력해야 해. 그런 노력은 가자의 자리에서부터 시작해야지. 특히 교사의 역할이 무엇보다 중요해.

교무실인가, PC방인가

"이곳은 선생님의 연구 공간입니다. 꼭 필요한 일이 아니면 출입을 금합니다."

교무실 문 앞에는 이런 글귀가 붙어 있곤 하지. 그런데 정말 교무실에서 선생님들은 연구에 몰두하고 있을까? 그래서 학생들의 얼굴조차 보기 어려울 정도로 바쁜 걸까? 사실 교사가 바쁜 이유는 다른 데 있지. 대부분의 교사는 생활기록부 작성이나 교육청에서 내려온 공문을 처리하느라 정신이 없어. 교무실은 연구나 학생 상담을 위한 공간이 아니지. 행정 업무를 처리하는 데 여념이 없는 공간이야.

학교는 교육이 먼저일까, 행정이 먼저일까? 상식적으로는 교육이 먼저여야 할 것 같지? 그런데 대한민국의 다른 부분처럼 학교에서도 상식이 통하지 않을 때가 있어. 우리는 교사라는 직업이 가르치는 일을 주로 한다고 생각하지만, 사실 교사는 가르치는 일 못지않게 행정 업무에도 힘써야 하지. 물론 학교에는 행정실이 따로 있어. 그러나 그곳에서 모든 행정 업무를 처리한다고 생각하면 오산이야. 교사들이 부담하는 행정 업무는 상당하지. 그로 인해 행정 우선주의가 교육을 왜곡한다는 것이 가장 큰 문제야.

교사들이 주로 하는 일은 무엇일까? 크게 수업, 담임, 행정 사무 등 세 가지로 정리할 수 있어. 그런데 담임 업무라는 게 수납과 공고, 학생 관리, 자료 입출력 등 각종 행정 업무를 포함하지. 행정 사무 역시 교육청에서 날아온 공문서 처리, 학교 시설 중 일정 부분에 대한 관리, 학교 일정을 진행하기 위해 필요한 각종 사무(고사 관리, 수업 시간표 관리 등), 학생 전출입 관련 사무, 교육청과 교육부가 시키는 각종 정책 사업 등을 포함해.

그런데 이들 업무는 법으로 정해진 교사의 업무가 아니야. 법은 "교사는 법령에서 정하는 바에 따라 학생을 교육한다"라고만 규정하고 있거든. 그 외의 일은 교사의 업무로 규정되어 있지 않아. 이런 일들이 어떤 근거로 교사에게 주어졌는지 알기 어렵지. 사실 법적으로만 따지면 이런 업무는 학교 관리자와 행정직원 등이 담당해야 돼.

OECD가 2013년 수행한 〈교수-학습 국제조사 연구TALIS: Teaching and Learning International Survey〉에 따르면 우리나라는 행정 업무에 쓰는 시간이 6시간으로 조사 대상국 전체에서 가장 길었지. 대상국 평균이 2.9시간이었으니까 두 배에 달했지. 한국이 압도적으로 긴 거야. 핀란드 1.3시간, 프랑스 1.3시간, 루마니아 1.5시간, 이탈리아 1.8시간, 스페인 1.8시간 등으로 조사됐어.

교사들은 교무부, 학생부, 학년부, 정보부, 연구부, 평가부 등 부서별로 다양한 행정 업무를 맡고 있어. 교원단체 실천교육교사모임에 따르면 초·중·고 교사들이 처리해야 하는 연간 업무 목록은 227가지에 이른다고 해. 하루 평균 교사들이 처리하는 공문의 수는 학교 전체적으로 30건 내외에 달해. 교사들의 잡무 중 상당수는 교육부, 교육청, 국회의원 등이 보낸 공문으로 인한 업무가 차지하지. 안전사고, 학교 폭력, 자연 재해와 재난, 성폭력 등 특정 사안이 사회적으로 화제가 될 때마다 공문의 양과 횟수는 급격히 늘어나거든.

교육부가 전국 유치원과 초·중·고등학교 교사 1,020명을 대상으로 2017년 실시한 '학교자치 실현을 위한 현장교원 설문조사' 결과를 보면, 전체 응답 교사의 87퍼센트는 각종 행정 업무가 수업과 학생생활지도를 어렵게 하는 요인이라고 인식하는 것으로 나타났어. 하루 근무 시간 가운데 평균적으로 수업에 4시간, 행정 업무에 2.1시간, 생활지도에 1.8시간, 수업 연구에 1.3시간을 할애하는 것으로 파악됐지. 행정 업무 가운데 가장 많은 시간을 쏟아야 하는 업무는 특히 교육청이나 교육부에 보고할 자료(46퍼센트)로 나타났고, 교무회의나 학교 행사 준비를 위한 자료(22퍼센트)가 뒤를 이었어.

관료로서 행정 업무를 처리하는 시간이 길어질수록 교사의 자율성이 떨어지지. 중앙정부와 지방교육청은 전체적인 목표만 설정해주면 안 될까? 그럼 나머지는? 학교와 교사들이 알아서 하는 거지. 목표를 달성하기 위해 교육과정을 어떻게 짤지, 어떤 교재를 선택할지, 수업을 어떻게 진행할지는 학교와 교사들이 스스로 결정하도록 하는 거야. 그렇게 된다면 교사들은 침묵을 깨고 끊임없이 대화하게 될 테지. 학교 구성원들의 자발성과 창의성이 살아나면서 교육의 질도 나아지지 않을까?

물론 어떤 행정 업무는 꼭 필요할 거야. 다만 그것을 꼭 교사들이 맡아야 하는 걸까? 교사 업무의 본질이 아님에도 교사들이 행정 업무의 상당수를 떠맡는 이유가 뭘까? 학교에서 교사를 평가할 때 가시적인 성과가 나오는 행정 업무를 중시하기 때문이지. 그 결과 행정 능력에 따라 승진이 이뤄지거든. 학교는 자연스레 교육보다 행정 중심으로 돌아가기 마련이야.

교사는 교사이고 싶다

승진은 경력 평정, 각종 가산점, 근무 평정 등으로 결정되지. 경력 평정은 근무 연수가 늘어나면 계속 쌓이게 돼. 연구·연수 가산점은 연수 열심히 받고 대학원 열심히 다니면 받을 수 있어. 그렇다면 마지막에 남는 것은 '근평'으로 줄여 말하는 근무 평정이겠지. 교장 평가 40퍼센트, 교감 평가 30퍼센트, 동료 평가 30퍼센트로 구성되지. 사실상 교장, 교감 등 관리자의 영향력이 절대적이라고 볼 수 있어. 결국 교사들은 관리자가 선호하는 일을 열심히 하게 되지.

분기별 보고 공문부터 학생생활기록부에 이르기까지 모든 공문서의 작성자와 책임자는 학교장으로 되어 있어. 따라서 문제가 발생하면 교장이 책임을 져야 해. 교장이 안 보이는 수업보다 눈에 잘 띄는 각종 행정 사무를 우선시하는 이유야. 그 결과 교사들에게 일의 중요도는 행정 사무, 학급 업무, 수업 순이 되기 쉽지. 이게 왜 문제일까? 교사에게 가장 중요한 업무인 수업이 뒤로 밀리는 것도 문제지만, 또 다른 문제가 있지.

행정 사무에 치우치다 보면 교사의 마음도 행정적으로 변하기 마련이야. 경험이 켜켜이 쌓여서 마음의 결을 이루거든. 행정 사무를 정해진 절차에 따라 처리하는 태도는 주어진 일을 행정적으로 처리하려는 자세일 거야. 즉 모든 일을 규정과 지침에 따라 구분하고 처리하는 자세지. 교사 생활을 오래할수록 규정과 절차만 따지는 '공무원스러움'이 몸에 배는 이유일 거야. 그런데 이런 마음이 교육자의 마음이라 할 수 있을까? 계속 변하고 성장하는 청소년을 자칫 고정된 틀과 기준으로 재단해서 성장을 방해하지 않을까?

교무실

제대로 된 교육이 가능하려면 교사는 오직 수업과 수업을 위한 연구에 집중할 수 있도록 해야 해. 학교學校는 배움의 공간을 뜻하고 교사教師는 가르치는 사람을 뜻하지. 학교는 배움의 공간이어야 하고 교사는 오로지 가르치는 사람이어야 해. 근무 시간을 가르치고 연구하는 데만 온전히 쓸 수 있도록 만들어줘야지. 그 이외의 모든 일, 각종 교무·행정 사무는 행정실과 교무행정실무사(교사 대신 민원, 행정, 교무, 전산 등을 담당하는 사람) 등을 확충해 전담하도록 해야겠지.

과도한 행정 업무로 연구 시간을 확보하지 못해 수업이 부실해지면 그건 학교의 책임, 교장의 책임 아닐까? 교무실은 수업 연구 공간으로 바뀌어야 해. 더 나아가 교무실에서의 의사소통도 수평적으로 변해야지. 교무실이 평등해질 때 학교가 평등해질 수 있어.

9

화장실

차별은 어디든 있다

"독수리와 참새, 벌새와 박쥐 등 어떤 크기의 새도
똑같은 새장 속에 들어가야 하고, 어떤 눈을 가진 새도
똑같은 빛 속에 있어야 하는 평등을 나는 원치 않는다."

−빅토르 위고(극작가, 1802~1885)

화장실에도 차별이 있다

생존하는 데 가장 중요한 일이 뭘까? 먹는 거? 맞아. 먹어야 살 수 있을 테니까. 그런데 먹으려면 먼저 속부터 비워야 하지 않겠어? 비우지 않고는 먹을 수 없지. 비움이 있어야 채움도 있어. 그런 의미에서 먹는 행위와 더불어 싸는 행위는 생존에 직접적이고 기본적인 인간의 활동이야.

화장실을 뜻하는 영어 'toilet'은 유래가 아주 독특하지. 천을 뜻하는 프랑스어 'toile'에서 유래했거든. 이는 공중화장실이 없었던 유럽의 현실을 반영하고 있어. 중세와 근세 사람들은 장소를 가리지 않고 볼일을 봤어. 그러다 아는 사람이라도 만나면 여간 곤혹스러운 게 아니었어. 그래서 집 밖에서 화장실이 급하면 양동이를 들고 다니는 업자에게 돈을 내고 용변을 봤지. 이때 커다란 망토로 볼일 보는 사람을 가려줬어. 이동식 화장실 사업은 19세기 중반까지도 활발했어. 그런 전통 탓인지 지금도 유럽의 공중화장실은 돈을 받는 곳이 많아.

유럽인들은 '크로스 스토루'라는 대소변 겸용 변기를 사용했는데, 변기통이 차면 하수구에 쏟아버렸지. 나중엔 그걸 들고 계단을 오르내리는 것도 귀찮아지자 창문 밖으로 그냥 내버리기 시작했어. 그러니 어떻겠어? 거리는 오물로 넘쳐나게 됐지. 하이힐이 바로 그때 만들어졌어. 길거리의 똥오줌을 밟지 않기 위해서. 근세까지도 유럽에는 화장실이 널리 퍼지지 못했어. 18세기까지 파리에는 공중화장실이 없었지. 심지어 방이 700개나 있었던 프랑스의 베르사유 궁전조차 화장실을 갖추지 않았어.

이후 근대가 되면서 인간은 점차 똥오줌과 분리되지. 수세식 변기는 1860년대부터 영국에서 전 세계로 팔려나가기 시작했어. 우리나라의 경우 1962년 마포아파트에 최초로 좌변기와 세면대를 갖춘 수세식 화장실이 설치됐다고 해. 이후 아파트가 급속하게 퍼지면서 수세식 화장실은 아파트의 필수 시설이 됐어. 학교에도 점차 수세식 화장실이 들어섰지. 문제는 쭈그려 앉아서 볼일을 보는 화변기가 양변기보다 더 많이 설치됐다는 점이야. 지금은 상황이 개선됐지만 화변기는 여전히 남아 있어.

학교에서 혼자 밀폐된 공간을 점유할 수 있는 유일한 장소가 화장실과 탈의실이야. 화장실은 잠시나마 가만히 앉아서 멍때리거나 골똘히 생각하기 좋지. 물론 안락한 쉼이나 사색을 위한 곳으로는 조금 비좁고 더럽기도 하지만. 학교에서 화장실은 크게 주목받지 못하지만, 사실 화장실은 중요한 공간이야. 화장실은 차별의 문제를 살펴보기에 더없이 좋은 장소이거든.

'소변 색깔은 다 똑같다'

"(   ) 앞에서 모든 인간은 평등하다."

괄호 안에 들어갈 수 있는 말로 무엇이 있을까? 당위론적으론 '법'이 가장 먼저 떠오르지. 그렇다면 존재론적으로는? 죽음 아닐까? 하나 더 제시한다면, 똥도 있을 거야. 누구도 배설에서 자유로울 수 없으니까. 왕후장상부터 갑남을녀까지 누구라도 배설하지 않고는 살 수 없어. 배 속에 쌓인 찌꺼기를 몸 밖으로 내보내야만 새로운 음식을 먹을 수 있지. 그런 의미에서 화장실은 절대 평등의 공간이야.

절대 평등의 공간인 화장실이 현실에서는 차별의 공간으로 둔갑하지. 학교에서는 교사용 화장실과 학생용 화장실이 엄격히 구분돼. 단순히 공간만 구분한다면 크게 문제 삼기 어려울지 몰라. 문제는 시설과 상태에서 큰 차이가 난다는 점이야. 청소 상태는 깨끗한가, 환기는 잘 되나, 화장지와 비누는 갖춰져 있나, 겨울철에 따뜻한 물은 나오나, 여러 기준에서 차이를 보이지. 학생용 화장실은 재래식 화장실이 아닌데도 냄새가 심하고, 교사용 화장실에 있는 비데는 찾아보기 어렵지. 학생들이 학교에서 그런 대우를 받는 것은 왜 당연시될까?

초등학생은 특히 어려움을 많이 겪어. 집에서 양변기를 쓰다가 학교에서는 화변기를 써야 하는 초등학생들은 쪼그려 앉는 게 불편하고 익숙지 않아서 용변을 참는 경우도 흔하다고 해. 2018년 현재 전국 초·중학교에 설치된 대변기 총 55만 320개 중 양변기는 40만 2,633개로 75퍼센트를 차지해. 나머지는 화변기인 셈이지.

영화 〈그린 북Green Book〉(2018)은 버스와 열차, 병원과 공원, 심지어 화장실조차 흑인과 백인을 분리했던 시대를 그리고 있어. 영화 제목의 그린 북은 1960년대 미국 남부에서 흑인이 머물 수 있는 숙소, 음식점 등을 담은 '여행 안내 책자'를 가리키지. 당시 흑인들은 인종차별이 심한 남부를 지날 때 그린 북을 꼭 지참해야 했어. 만약 어떤 흑인이 책자에서 추천하는 곳을 벗어나 백인들의 영역에 들어선다면 그 순간 조롱과 비난과 폭행을 감수해야 했거든. 1960년대 미국은 법과 제도, 관습을 밑돌 삼아 견고한 인종차별의 장벽을 두르고 있었지. 식당과 버스, 식수대, 심지어 화장실까지 백인 전용White Only과 유색인 전용Colored Only으로 나뉘어 있었어.

〈그린 북〉에서 보듯이 차별은 공간을 나누는 것에서부터 시작하지. 학교 엘리베이터에는 '학생 이용 금지'라는 문구가 써 있어. "왜 선생님들만 엘리베이터를 타죠?"라고 물으면 뭐라고 답할까? 엘리베이터는 선생님들을 위해 만들어놓은 거라고? 선생님들은 수업 준비도 해야 하고 서서 가르쳐서 몸이 힘들기 때문이라고? 그러면 학생들도 하루 종일 공부하기가 힘들다고 하면? 어른들이 어떤 대답을 내놓든 궁색할 수밖에 없지. 엘리베이터는 장애가 있는 사람, 거동이 불편한 사람, 몸이 아픈 사람 등이 이용하면 될 거야. 그게 교사든 학생이든 말이야.

교무실은 대개 중앙 현관 근처에 자리하지. 일종의 중심, 권위 등을 상징하면서 학생들을 관리하기 쉽도록 한 배치야. 중앙에서는 좌우로 빨리 이동할 수 있으니까. 그런데 일부 학교에서는 중앙 계단 등으로 학생들이 통행하지 못하도록 하고 있어. 오직 교장과 교사들만 그곳으로 다닐 수 있지. 학생들은 건물 양쪽 끝에 있는 계단을 이용해야 해. 교장이나 교사 등이 중심부를 차지하고 학생들은 주변부로 밀려나지. 운동장의 구령

대도 마찬가지야. 구령대는 조회 때 교장 선생님이 서거나 체육 행사 때 사회자가 서는 곳이지.

예전에는 교실을 드나들 때 교사가 이용하는 문과 학생이 이용하는 문이 서로 달랐어. 교사들은 앞문으로 다니고 학생들은 뒷문으로 다녔지. 일부 학교에는 여전히 이런 관례가 남아 있는 듯해. 왜 아이들은 앞문을 쓰면 안 될까? 앞문을 쓰면 앞문과 뒷문을 넘나들며 교실과 복도를 뛰어다녀서 위험하니까? 그렇다고 뒷문만 쓰면 아이들이 얌전해질까? 그보다는 혹시 교사의 권위를 위해서가 아닐까? 앞문을 지킨다고 교사의 권위가 세워지는 건 아닐 텐데 말이지.

교사가 학생을 존중하고 학생이 제대로 배운다고 스스로 느낄 때, 학생은 마음에서 우러나와 교사를 존중하게 될 거야. 존중은 존중으로만 배울 수 있지. 권위란 그렇게 자연스레 생겨나야 하지 않을까? 심리학자 알프레트 아들러(1870~1937)는 교사와 학생이 인격적으로 동등할 때 진정한 교육이 이루어진다고 강조했어. 사회 구성원이 서로 존중할 때 사회가 발전하고 구성원이 성장할 수 있다는 거야.

〈히든 피겨스Hidden Figures〉(2016)라는 영화가 있어. 1960년대 미국항공우주국이 배경인 영화지. 여주인공은 나사에서 우주선의 궤도를 계산하는 계산원이야. 수학에 천재적인 재능을 가졌지만 백인 남성 과학자들의 보조 역할을 하지. 영화에서 인상적인 장면 중 하나는 800미터나 떨어진 화장실을 가기 위해 주인공이 내달리는 장면이야. 가까운 백인 전용 화장실 대신 멀리 떨어진 유색인 전용 화장실을 가기 위해서지. 어느 날 여주인공이 자리를 오래 비우자 상사가 불같이 화를 내고 여주인공은 그동안 쌓인 울분을 토해내며 나사의 인종차별 정책을 성토했어. 상사는 화장실 구분을 없애라고 지시하며 이렇게 말해.

"나사에서 모든 사람의 소변 색깔은 다 똑같다."

똑같지만 사실은 똑같지 않다

학교 화장실 문제에서 빼놓을 수 없는 것이 성차별 문제야. 남녀 화장실의 넓이가 똑같다고 평등한 게 아니지. 좌변기는 소변기보다 훨씬 더 넓은 면적을 차지하기 때문에 화장실 면적이 같다면 결국 여자 화장실의 변기 수가 더 적어질 거야. 면적을 달리하더라도 남자 화장실에 소변기 두 개, 좌변기 한 개라면, 여자 화장실에 좌변기는 최소한 세 개가 되어야 할 거야.

우리 법률 역시 이를 뒷받침하지. 현행 공중화장실 등에 대한 법률 시행령 제7조(공중화장실 등의 설치 기준)에 따르면 공중화장실은 남녀 화장실을 구분해야 하며 여성 화장실의 대변기 수는 남성 화장실의 대·소변기 수의 합 이상이 되도록 설치해야 한다고 정하고 있어. 해당 법률은 2004년부터 시행됐는데, 당연히 2004년 이전에 지어진 학교는 이 기준에 미치지 못하게 설치돼 있지. 문제는 학교 화장실이 공중화장실로 명확히 규정되어 있지 않은 탓에 증·개축도 쉽지 않다는 점이야.

2016년 충청남도교육청이 조사한 바에 따르면, 초·중·고등학교의 남녀 학생은 각각 128,510명과 119,783명으로 큰 차이가 없지만 변기는 남학생용이 23,407개(소변기 12,924개+대변기 9,483개)로 여학생용 16,096개 대비 무려 7,311개(31.2퍼센트)나 많았지. 여성이 남성에 비해 화장실 사용 시간이 더 긴데도 변기 수가 적고 그나마도 비좁은 편이야. 남녀공학의 경우 화장실 공간을 기계적으로 반반 나눈 탓에 결과적으로 여자 화장실은 더 좁을 수밖에 없지.

2002년 국립환경연구원의 조사에 따르면, 평균 화장실 이용 시간은 남자가 1분 25초인 데 반해 여자는 3분이었어. 생리적·사회문화적 이유로 여성의 화장실 이용 시간은 길어질 수밖에 없어. 그렇다면 같은 수의 남녀가 있을 때 변기 수를 어떻게 맞춰야 할까? 당연히 여성용 변기가 더 많아야 하지 않을까? 화장실 이용 시간을 감안한다면 남녀 변기 수는 1:1이 아니라 1:1.5나 1:2가 되어야 하지 않을까? 그런데 현실은 1:1 조차 충족하지 못하는 경우가 많지.

평등이란 무엇일까? 똑같으면 평등한 걸까? 화장실 면적이 같다고 평등할까? 아리스토텔레스(B.C.384~B.C.322)는 '각자에게 각자의 몫을 주는 것'이 정의라고 말했어. 균등한 사람들이 균등하지 않은 몫을 갖거나, 균등하지 않은 사람들이 균등한 몫을 갖게 되면 정의에 어긋난다고 봤지. 그런데 여기서 무엇이 '각자의 몫'인지를 정해야겠지. 크게 능력, 기여(업적), 필요에 따라 분배해야 한다고 보는 세 가지 관점이 있지. 가령 회사에서 직원을 뽑을 때 입사 시험 성적에 따라 채용하는 것이 능력에 따른 분배이고, 입사 후에는 업무 성과가 더 높은 사람에게 더 많은 보수를 주는 것이 업적에 따른 분배야. 국가가 생계가 어려운 사람에게 복지 서비스를 제공하는 것은 필요에 따른 분배지.

자, 세 명의 사람과 세 개의 디딤돌이 있다고 가정해보자. 세 사람에게 디딤돌을 어떻게 나눠주는 게 가장 좋을까? 얼핏 생각하면 한 명당 한 개씩 똑같이 나눠주는 게 공평할 것 같지만, 디딤돌 하나를 밟고 올라서도 담장 너머를 보기 힘든 사람에게는 불공평해. 세 사람 모두 디딤돌을 구하는 데 별다른 기여를 하지 않았다면, 필요에 따라 분배하는 게 맞을 거야. 그러니 화장실 문제에서도 필요(이용 시간)에 따른 분배가 적절해 보이지.

화장실에서 우리는 겉으로 드러난 것 뒤에 숨겨진 '은밀한 차별'을 확인하게 돼. 차별에는 눈에 띄는 차별도 있지만, 보이지 않는 차별도 있어. 보이지 않는 차별은 아주 작은 것들에 숨어 있기에 오직 차별당하는 사람만 볼 수 있어. 똑같다고 말하는 게 사실은 똑같지 않을 때가 많거든. 똑같이 교복을 강제하더라도 남학생은 바지, 여학생은 치마로 강제하지. 어느 쪽이 더 불편할까? 겨울철에는 어느 쪽이 더 추울까? 치마가 바지보다 더 불편하고 추울 수밖에 없어.

평등에는 좀 더 세심한 고려와 배려가 필요하다는 걸 알 수 있지. 차별을 당하는 사람이든, 차별과 상관없는 사람이든, 차별하는 사람이든 모두에게 필요한 것은 섬세한 눈길과 포용의 손길이야. 만화가 최규석은 《송곳》에서 "서 있는 곳이 다르면 풍경도 달라진다"라고 말했어. 차별당하는 사람의 입장에서 차별을 보려고 해야 해. 한나 아렌트는 '인생의 가장 큰 죄는 생각하지 않는 것'이라고 했어. 차별에 대해 깊이 생각해보지 않으면, 자신도 모르게 차별을 수긍하거나 저지르는 죄를 짓게 되지.

화장실로 보는 사회

인류의 가장 중요한 발명품은 무엇일까? 영국인을 대상으로 설문 조사를 한 적이 있는데, 수세식 변기가 9위를 차지했어. 펜, 신발, 기차 등보다 순위가 높았지. 화장실에서의 필수품 두루마리 화장지는 22위에 올랐어. 대개 화장실 자체를 화제로 삼기 꺼려 하지만, 이렇게 우리 생활에서 중요한 게 화장실이지.

화장실이라는 말을 한번 살펴볼까? 화장실은 본래 한자 그대로 화장化粧을 하는 곳이야. 목적으로 보자면 그나마 변소便所가 좀 더 직접적인 표현이지만 화장실이란 말을 더 많이 쓰지. 외국어에서도 비슷해. 일본어로 화장실은 '손 씻는 곳ぉ手洗い'이고, 영어로는 'bathroom', 'restroom'이야. 보통 집에 샤워실과 화장실이 같이 있는 경우를 떠올리게 하지. 하지만 모두가 이용할 수 있는 공중화장실에는 통용될 수 없는 말이야. 공중화장실에 '목욕bath'하려고 가거나 '쉬려고rest' 가진 않잖아.

고상한 단어로 대변되는 동안 화장실은 더욱 불평등한 공간이 돼버렸는지도 몰라. 가장 대표적인 문제는 앞서 살펴본 남녀 차별일 거야. 고속도로 휴게소에 가본 적 있지? 특히 명절이나 여름 휴가철에는 여성 화장실 앞에 긴 줄이 늘어서 있어. 법은 공중화장실의 남녀 변기 수를 이용자가 1천 명 미만일 때 1:1, 1천 명 이상일 때 1:1.5로 규정하고 있어. 그런데 이미 지적한 것처럼 여성의 화장실 이용 시간은 남성보다 두 배 이상 길지. 게다가 국회 입법조사처의 분석에 따르면, 2019년 기준 공중화장실을 포함해 개방·이동·간이화장실에 설치된 변기는 남성용이 36만 개인 반면, 여성용은 22만 개야. 여성용 변기 수는 남성의 약 62퍼센트에 불과해. 변기 비율을 1천 명 미만일 때 1:1.5, 1천 명 이상일 때 1:2로 늘리자는 주장이 나오는 이유야.

남자 화장실에는 기저귀 교환대가 없어. 암암리에 육아는 여성의 몫이라는 것을 웅변하듯 말이야. 육아는 남녀 공동의 일이라면서도 사회제도가 이를 뒷받침하지 못하는 거야. 하지만 사회는 급격히 변하고 있지. 2018년 전체 육아휴직자 중 남성이 17퍼센트를 차지했어. 11년 전인 2007년 1.5퍼센트에 비하면 비약적인 증가지. 앞으로 더 늘어날 전망이야. 선진국들은 40퍼센트 내외에 이르거든. 여성 노동자들의 화장실 문제도 있지. 건설업계 종사자 열 명 중 한 명이 여성이야. 그런데 건설 현장에 여성 화장실은 거의 없는 실정이야.

앞서 남녀 변기 수를 1:1.5나 1:2 정도로 제시했지만, 사실 시설별로 남녀의 비율은 다를 수 있을 거야. 일부 시설에는 한쪽 성이 압도적으로 많아서 1:2로도 부족할 수 있지. 그래서 비율을 일률적으로 정하기보다 상황에 따라 다른 방법을 찾을 수도 있을 거야. 그중 하나가 성性중립 화장실이야. 말 그대로 성별을 구분하지 않는 화장실이야. 성별뿐만 아니라 장애 등도 구분하지 않지. 누구나 같은 화장실을 이용할 수 있고 칸이 다 찼으면 누구든 함께 줄을 서야 해.

물론 성중립 화장실은 남녀 공용 화장실과는 달라. 남녀 공용 화장실은 안전에 취약하지. 여성이 좌변기 칸을 이용할 때 남성이 바깥 소변기를 이용할 수 있거든. 즉 화장실이라는 큰 공간 안에 남녀가 같이 있다 보니 위험성이 커지지. 반면 성중립 화장실은 남녀노소 누구나 사용할 수 있지만 동시에 사용할 수는 없어.

다른 나라의 경우를 볼까? 스웨덴에선 공중화장실의 남녀 구분이 없어진 지 10년이 넘었어. 그 덕에 여성 화장실만 특히 늘어서 있던 줄도 사라졌고 성소수자들 역시 따가운 시선 없이 화장실을 이용할 수 있게 되었지. 성중립 화장실이 설치된 곳들은 대체로 이전보다 쾌적하고 안전하다는 평가를 많이 받는다고 해. 그런 평가가 나오는 이유는 성중립 화장실이 바로 누구나 차별 없이 편리하게 이용할 수 있는 '모두를 위한' 화장실이기 때문이지. 성중립 화장실에는 화장실 한 칸 안에 변기, 세면대, 손잡이, 기저귀 교환대 등이 다 갖춰져 있어.

사실 스웨덴은 세계적으로 성차에 따른 불평등이 가장 적은 나라 중 하나야. 2018년 세계경제포럼이 발표한 〈젠더(성) 격차 보고서〉에 따르면 스웨덴은 성차별이 가장 낮은 나라 3위에 올랐지. 스웨덴 사회가 생각하는 성평등이란 무엇일까? 아마도 사회적으로 남성인지 여성인지를 아예 구분하지 않는 '성중립'이 곧 진정한 성평등이라고 여기는 건 아닐까? 생물학적 구분이 사라진다는 뜻이 아니야. 가령 일을 맡기고 사람을 뽑는 데 남녀를 따지지 않는다는 뜻이지. 성중립 화장실은 그런 사회의식을 대변하고 있는 거야.

국내에서도 서울시가 성평등활동지원센터에 성중립 화장실을 도입했고, 인권재단 '사람'도 건물에 성중립 화장실을 설치했어. 구분 자체가 꼭 나쁜 건 아니야. 구분이 필요할 때도 분명히 많이 있어. 문제는 용도를 다한 구분을 이제 와 없애기 귀찮다는 이유로 고집하는 거야. 더 나쁜 것은 불필요한 구분이 누군가를 억압하고 차별할 때조차 이를 없애지 않는 거지.

분리하되 평등하게?

백인만 앉을 수 있는 자리에 앉았다가 '자리에서 일어나라'

는 요구를 거부한 로자 파크스(1913~2005)가 처벌받은 것이 1955년이야. 서로를 분리하면서 평등을 이야기할 수 있을까? 2019년의 대한민국은 1955년의 미국 사회와 얼마나 다를까? 분리와 배제의 살풍경을 곳곳에서 볼 수 있지. 혹시 '휴거', '주거', '빌거' 같은 말을 들어봤어? 최근 몇 년 사이에 일부 초등학교에서 유행하는 신조어야. 아이들끼리도 사는 곳을 나누고 서로를 따돌리면서 쓰는 말이지.

이렇게 된 데는 당연히 어른들의 책임이 크지. 어른들이 알려주지 않았다면 아이들이 임대아파트의 개념을 알 리가 없잖아. 2015년에는 강남의 한 아파트 주민들이 인근 보금자리주택에 사는 학생들이 단지 안에 위치한 중학교에 같이 배정되자 항의하기도 했어. "저쪽은 학업이나 학습 환경이 너무 안 좋잖아요"라고 하면서. 심지어 아파트 주민들은 자기 단지를 다른 주민들이 오가거나 지나갈 수 없게 단지 경계에 철조망을 치거나 펜스에 대못을 박기도 했지. 출입구는 물론이고 아이들이 함께 노는 놀이터도 같이 쓰는 걸 막기 위해서였어.

당 아파트에 출입하는 배달 사원(신문, 우유 등)들의 배달 시 (…) 입주민 민원이 많이 발생하고 있습니다. 반드시 계단을 이용하여 배달해주시기 바라며, 개선되지 않을 시 이에 상응하는 강력

한 조치를 취함을 알려드리니 배달 시 유의하시기 바랍니다.

— ○○아파트 관리사무소장

한 아파트 게시판에 실제로 내걸렸던 경고문이야. 그런데 한번 생각해볼까? 배달원이 배달하는 상품은 누구를 위한 것일까? 아파트 입주민들이 필요해서 배달시킨 것 아니야? 그런데도 엘리베이터 대신 계단을 이용하라니.

이런 분리와 구분이 극단화된 사례가 페루에도 있었어. '빈부의 장벽'이야. 페루 수도 리마Lima시 남동쪽에 있는 부촌과 빈촌을 가르는 긴 벽이지. 산등성이를 따라 길게 늘어진 장벽은 길이가 무려 10킬로미터에 달해. 또 높이 3미터의 콘크리트 장벽 위에 날카로운 철조망까지 설치돼 있지. 장벽은 조금의 공간도 줄 수 없다는 듯 빈촌 가까이 바짝 붙어 있어. 왼편에는 허름한 판잣집들이 빼곡히, 오른편에는 저 멀리로 저택들이 듬성듬성 위치하지.

저택들이 있는 부촌 주민들이 안전을 이유로 1980년대부터 장벽을 세우기 시작했어. 빈촌의 판잣집 주민들은 장벽 때문에 수치심을 느낀다고 해서 장벽을 '수치의 장벽Wall of Shame'으로도 불러. 부자들을 위한 세상은 가난한 자들에게 수치와 모멸을 주지. 모멸감을 통해 가난이 제 탓인 것처럼 세뇌하는 거야.

화장실

흑인과 백인의 공간을 분리하되 평등을 보장한다는 이른바 '짐 크로 법Jim Crow Law'은 1800년대부터 1965년까지 미국에 존재했어. 그러나 두 집단을 분리하면서 두 집단이 평등하다고 말하긴 어렵지. 1954년 미국 연방대법원은 공립학교의 인종 분리가 위헌이라고 판결했어. 대법원은 "공립학교에서 인종에 근거하여 어린이들을 분리 교육하는 것은 공동체 내 지위와 관련한 열등감을 불러일으켜 도저히 회복할 수 없는 마음의 상처를 준다. (…) 공교육에서 '분리하되 평등하게'라는 정책은 설 자리가 없다는 게 우리의 결론이다. 분리된 교육 시설은 근본적으로 평등할 수가 없다"라고 밝혔어.

학교 화장실에도 평등이 적용되어야 해. 교사용과 학생용을 나누고 설비를 달리하거나, 성별 특성을 고려하지 않고 여자용과 남자용을 똑같이 설치하는 건 평등이 아니야. 생활에 가장 기본적이고 필수적인 배설 공간부터 세심한 주의와 배려로 평등을 이뤄나가야 해.

10

식당

닳고 닳은 세상의 밑변

우리 엄마
고생이 많구나.

"모든 참된 노동은 존귀하다."

– 칼라일(철학자, 1795~1881)

누가 밥을 짓나

데카르트(1596~1650)는 "나는 생각한다. 고로 존재한다"라고 했어. 그런데 생존의 조건에 비춰보자면 "나는 먹는다. 고로 존재한다"라고 말해야 할 거야. 인간은 먹어야 살 수 있지. 아니, 무릇 생명은 먹어야 살 수 있어. 그런데 먹는 행위는 생물학적 차원을 넘어서지. 먹는 행위는 문화적 행위이기도 하거든. 18세기 프랑스의 미식가 브리야사바랭(1755~1826)이《미식 예찬Physiologie du goût》에서 "동물은 삼키고 인간은 먹는다"라고 말했던 이유도 그래서겠지. 다시 말해, 동물은 먹이를 삼키고 인간은 음식을 먹는다는 뜻이야.

나라와 지역마다 음식 문화가 달라. 자국 음식을 먹는 사람이 그 나라 사람이 되지. 그래서 어떤 음식은 어떤 나라 사람을 뜻하기도 해. 미국에서는 독일인을 비하해 크라우트kraut, 멕시코인을 비하해 빈Bean으로 부르기도 하지. 크라우트란 말은 독일인이 잘 먹는 '양배추 김치'에서 왔고, 빈은 멕시코인이 잘 먹는 '볶은 콩'을 뜻해. 또 영국인들은 프랑스인이 '개구리 다리'를 먹는다는 이유로 프랑스인을 프로그frog라고 부르기도 하지. 독일 철학자 루트비히 포이어바흐(1804~1872)는 이렇게 말했어.

"당신이 먹은 음식이 바로 당신이 된다."

애써 잊고 지낼 때가 많지만, 우리는 모두 도살자이기도 해. 먹는 것은 어쩔 수 없이 폭력적이지. 다른 생명의 목숨을 빼앗는 거니까. 프랑스 철학자 모리스 메를로퐁티(1908~1961)는 《휴머니즘과 폭력Humanisme et Terreur》에서 "우리는 순수함과 폭력 중에서 어느 하나를 선택하는 것이 아니다. (…) 여러 가지 폭력들 중에서 어느 하나를 선택해야만 한다"라고 말했어. 우리가 신체를 가지고 있는 한 폭력은 우리의 숙명이지. 1년 365일 매일 세 끼를 먹는다고 치면 80년을 산다고 할 때 평생 87,600 끼니를 먹는 거고, 한 끼가 1킬로그램이라고 하면 80년 동안 87.6톤을 먹는 거야. 우리는 그만큼 자주, 그리고 많이 폭력을 저지르고 있는 셈이지.

잘 먹는다는 것은 결국 좋은 음식을 먹는 거야. 이때 좋다는 것은 일차적으로 먹는 사람의 입장에서 입에 맞고 몸에 좋은 음식이겠지만, 그게 다가 아닐 테지. 식재료로 쓰이는 동식물과 그 식재료를 키우고 재배하는 사람, 그리고 음식을 조리하는 사람에게도 좋아야 정말 좋은 음식 아닐까? 그렇게 본다면 학교에서 먹는 급식은 어떨까?

학교 급식은 1790년 독일 뮌헨에서 어려운 가정의 아동을 구호하기 위해 '수프soup 식당'을 열면서 처음 시작됐지. 학교 급식은 이후 유럽 전역으로 퍼졌어. 우리나라에서는 1990년대에 초등학교 급식이 확대됐고 2000년대에 중학교까지 전면 급식이 이뤄졌지. 이후 진보 교육감들을 중심으로 무상 급식이 확산됐어. 무상 급식이 한창 논란이 될 즈음 어느 정치인은 "학교가 밥 먹으러 가는 데냐?"라고 힐난하기도 했지. 그러나 학교는 공부하는 곳이기도 하지만 밥 먹는 곳이기도 해.

버지니아 울프의 《자기만의 방》에는 "식사를 잘 하지 못하면 생각을 잘 할 수 없고 사랑도 잘 할 수 없고 잠도 잘 잘 수 없다"라는 대사가 나와. 여기서 '식사를 잘 한다'는 것은 끼니를 거르지 않고 영양가 있는 식사를 한다는 말이지. 쉽게 말해 '좋은 음식'을 먹는다는 거야. '좋은 음식'을 좀 더 확장해서 이해한다면 '좋은 환경'에서 누군가가 '좋은 재료'를 가지고 만든 음식으로 생각할 수 있어. 과연 학교에서 우리가 먹는 음식은 좋은 음식일까, 아닐까?

먹거리 측면에서 보면 학교 급식은 좋은 음식에 가까워. 요즘 들어 학교 급식에 친환경 로컬푸드를 많이 쓰고 있지. 로컬푸드란 지역에서 생산된 먹거리야. 로컬푸드가 많이 이용될수록 지역 농민을 살리고 농산물의 이동 거리가 짧아지면서 환경에도 이롭지.

그런데 음식을 만드는 사람 입장에서도 좋은 음식일까? 우리가 맛있게 밥을 먹으려면 누군가는 찜통 같은 조리실에서 땀을 흘려야 하지. 우리가 먹는 음식은 누군가의 노동과 시간의 결과물이야. 그들은 노동과 시간을 희생한 만큼 정당한 대우를 받고 있을까?

보이지 않는 사람들

학교에는 아무도 신경 쓰지 않는 사람들이 있어. 투명 인간처럼 있어도 없는 셈치는 사람들이지. 학교 현장에서 비정규직은 '없는 사람'과 '소모품' 취급을 당하고 있거든. 급식실 노동자들이 대표적이야. 어느 국회의원은 급식실에서 일하는 여성 노동자들을 '밥하는 동네 아줌마들'이라고 비아냥댄 적도 있었어.

비정규직 문제를 논하기 전에 먼저 비정규직이 무엇인지부터 알아야겠지? 비정규직은 말 그대로 정규직이 아닌 신분을 뜻하지. 즉 비정규직을 이해하려면 정규직부터 이해할 필요가 있어. 정규직은 크게 네 가지 특징으로 정리할 수 있지. 첫째, 특별한 문제가 없는 한 정년까지 근무해. 둘째, 보통 하루 여덟 시간씩 5일 이상 일하지. 셋째, 자신이 일하는 곳이 바로 자신을 채용한 곳이야. 넷째, 법상 노동자로 인정받지. 비정규직은 이와 정반대야. 순서대로 기간제, 시간제, 간접고용, 특수고용이 비정규직에 해당되지.

기간제 노동자는 일정 기간 동안 일하기로 계약을 맺어. 그 기간이 끝나면 어떻게 될지 모르지. 계약 종료로 잘릴 수도 있고 혹은 다행히 재계약될 수도 있어. 그래서 고용 불안정에 시달릴 수밖에 없지. 시간제는 하루 종일 일하지 않고 일부 시간만 일하는 걸 말해. 간접고용이란 자신이 일하는 곳(A회사)과 자신을 채용한 곳(B회사)이 다른 경우야. 특수고용은 실제로는 노동자처럼 일하지만 법상 노동자가 아닌 자영업자로 취급받는 경우지. 비정규직에는 주로 기간제와 간접고용이 많다고 이해하면 돼. 비정규직은 정규직이 보장받는 처우와 혜택을 받지 못하지.

학교에는 어떤 비정규직이 있을까? 청소, 경비, 행정실, 방과후교실 등은 어느 정도 알 거야. 그러나 여기에서 일하는 사람들 말고도 학교에는 무려 70여 개 직종의 비정규직이 있다고 해. 조리사, 영양사, 사서, 실무사, 지원사, 전담사, 지도사, 복지사, 조정자 등 이름도 다양하지. 이들은 무기계약직, 시간제 근로, 초단시간제 근로 등으로 고용돼 있어. 그래서 이들의 삶은 불안정하지. 언제까지 일할 수 있을지 기약이 없으니까. 교사도 마찬가지야. 교사라고 모두 정규직인 건 아니거든. 학생들에게는 똑같이 '선생님'으로 불리지만, 정규직 교사와 비정규직 교사가 나뉘고 비정규직 교사는 다시 3개월, 11개월, 1년 등의 기간제로 나뉘지.

비정규직은 언제 어떤 연유로 생겨났을까? 정부의 교육 정책과 함께 무더기로 양산됐다고 볼 수 있어. 학교에 컴퓨터가 보급되면서, 과학실이 확충되면서, 돌봄교실이 들어오면서, 방과후 프로그램이 생겨나면서, 특수교육 지원이 확대되면서, 학교 급식이 시작되면서 생겨났어. 단기간에 새로운 정책이 시작되고 그에 따라 적은 비용으로 부족한 인력을 충당하는 형태로 학교가 운영돼왔어. 전국의 모든 학교가 마찬가지야.

그 결과 엄청나게 많은 비정규직이 생겨났지. 공공 부문에서 가장 많고 다양한 형태의 비정규직이 일하는 곳이 바로 학교야. 전국학교비정규직 노동조합에 따르면 88만 전체 교직

연차	정규직	비정규직	비율
1	2,933,399원	2,240,973원	76.4퍼센트
6	3,408,789원	2,390,973원	70.1퍼센트
11	4,086,444원	2,540,973원	62.2퍼센트
16	4,732,989원	2,690,973원	56.9퍼센트
20	5,259,927원	2,810,973원	53.4퍼센트
평균	4,019,460원	2,525,973원	64.2퍼센트

정규직과 비정규직의 임금 격차를 나타낸 표. 〈교육비평〉, 41호, 2018.

원 중 약 43.1퍼센트를 차지해. 학교 비정규직(무기계약직 포함) 규모는 2017년 기준 비정규직 강사 166,061명, 교육공무직 140,682명, 기간제 교사 46,666명, 파견·용역 27,266명으로 전체 약 38만 명에 달하지. 직업에 귀천이 없고 사람을 차별해선 안 된다고 가르치는 학교가 귀천을 나누고 차별을 조장하는 셈이야.

비정규직은 고용이 불안정하지. 따라서 그에 대한 반대급부로 시간당 임금을 더 줄 필요가 있지만, 현실은 고용도 보장받지 못하면서 임금은 더 적게 받는 실정이야. 교사나 영양사 등을 기준으로 비정규직 임금은 정규직에 비해 평균 64.2퍼센트에 불과해. 특히 오래 근무할수록 격차가 커지지. 20년 차의 경우, 비정규직의 임금이 정규직의 거의 반토막이야. 정규직과 비정규직이 똑같은 임금을 받진 못하더라도, 비정규직의 노동이 존중받고 비정규직의 삶이 보호받을 수 있는 정당한 대우가 필요하지 않을까?

학교에는 분명 존재하나 보이지 않는 사람들이 있지. 현재는 불안하고 미래는 불투명한, 그래서 자유가 극도로 제한된 사람들이야. 살아 있되 살아 있다고 말할 수 없는 사람들이기도 하지. 이탈리아 철학자 조르조 아감벤(1942~)은 《호모 사케르Homo sacer》에서 '살아 있는 죽은 자living dead'라는 표현을 썼어. 육체는 살아 있지만 사실상 죽음을 경험하고 있는 인간을 말하는 거야.

학교가 제 기능을 할 수 있도록 누군가는 청소를 하고 누군가는 밥을 짓고 누군가는 전등을 갈고 누군가는 밤새 학교를 지키지. 학교가 삼각형이라면 교장은 꼭짓점에 서 있어. 그리고 교사들이 삼각형의 두 변을 이루지. 그렇다면 가장 밑변은 누구일까? 보이지 않는 그 사람들이지. 그들은 학교의 밑변이자 세상의 밑변이야. 밑변이 없으면 삼각형도 없어. 그들이 있어서 오늘도 세상은 돌아가지.

우리가 사는 세상은 누군가의 노동으로 만들어졌어. 오늘은 어제의 노동에 의해서 만들어졌지. 물론 어제 단 하루만의 노동은 아니야. 오늘의 어제, 어제의 어제, 어제의 어제의 어제.

그 어제들이 쌓이고 쌓여 오늘의 세계를 만든 거지. 어제의 노동이 오늘의 세계야.

누군가의 '희생 위'에서

똑같은 일을 하는데도 정규직과 비정규직이라는 이유로 다른 대우를 받는다는 건 불공평하지. 정규직과 비정규직의 입사 과정이 달랐다고 말할 수 있지만, 그렇다고 해서 공정해지는 건 아니야. 입사 시험은 일종의 핑계에 불과해. 정규직은 어려운 입사 시험을 통과했다, 시험을 통과한 만큼 더 능력이 있다고 볼 수 있다, 정규직 선발을 통해 관리자가 될 인재를 양성할 것이다 등등 기업이 그 어떤 핑계를 대더라도 궁극적으로는 비용 절감이 가장 큰 이유야.

시장주의가 사회를 지배하듯이 학교까지 깊숙이 파고들었어. 이익이 첫머리에 놓이지. 효율성이 중요하더라도 이를 절대화해선 안 돼. 모든 걸 효율성의 잣대로 평가할 수도 없고 평가해서도 안 되지. 효율성을 무조건 배척하자는 말이 아니라 효율성만 따지는 태도를 버리자는 뜻이야. 노동 생산성에서 어떤 장애인은 보통의 비장애인에 못 미치지. 그렇다고 독일 나치가 그랬듯이 그런 장애인을 잉여적 존재, 즉 불필요한 존재로 취급해도 될까? 사람은 누구나 능력과 상관없이 존엄하지. 어떤 경우에도 사람은 수단이 아니라 목적이 되어야 해.

여전히 너희들 중 일부는 '그럼에도 어떤 장애인은 쓸모없는 존재 아닌가?'라고 생각할지 몰라. 이렇게 가정해볼까? 너희보다 훨씬 똑똑한 사람, 가령 IQ가 200인 사람이 있다고 해봐. 그 사람 기준에서 너희가 너무 멍청하게 보이는 거야. 자기처럼 하나를 들으면 열을 깨쳐야 하는데, 그게 안 되니까. 답답한 그는 속으로 '아무짝에도 쓸모없는 사람이군' 하고 생각하지. 자, 너희가 그런 대우를 받는다면 기분이 어떻겠어?

비슷한 능력을 가진 사람이 비슷한 노력을 하면 비슷한 보상을 받아야 마땅하지. 그것이 공정한 분배야. 그런데 현실에서는 비슷한 능력으로 비슷한 기여를 해도 정규직이냐 비정규직이냐에 따라, 또 대기업이냐 중소기업이냐에 따라 임금과 처우가 현격하게 달라지지. 2016년 기준으로 비정규직은 정규직의 53.5퍼센트의 임금을 받았어. 정규직 대비 비정규직의 임금은 67.1퍼센트(2002년)에서 64.5퍼센트(2007년)로, 또 56.1퍼센트(2013년)로 계속 악화됐지. '동일노동 동일임금'이 아니라 '동일노동 차등임금'인 거야.

그저 속한 곳이 다르다는 이유로 임금과 처우가 널뛰기를 하는 거야. 그 결과 인생과 운명이 엇갈리지. 비정규직은 임금뿐만 아니라 각종 사내 복지 등에서도 차별을 받고 있어. 몇몇 기업에서는 사원증 목걸이 색깔로 정규직과 비정규직을 구분한다고 해. 정규직은 빨간색, 비정규직은 검정색, 이런 식으로 말이야.

'동일노동 차별대우', 이건 어떤 면에서도 공정한 게 아니야. 물론 입사 과정이 다르다는 반론이 있을 수 있어. 정규직은 어려운 과정을 거쳐 입사했고, 비정규직은 비교적 쉬운 과정을 거쳐 입사했다는 거지. 온갖 어려움을 딛고 입사 관문을 뚫은 정규직과 그보단 훨씬 적은 노력으로 비교적 쉽게 비정규직이 된 사람을 똑같이 대우한다면 그거야말로 불공정한 것이라고 말해. 노력이 달랐다면 당연히 보상도 달라야 한다는 입장인 거야.

회사에 대한 기여도 같은 현재 상황이 아니라 '어떻게 입사했는가'와 같은 과거 성적만을 따진다면 정규직과 비정규직의 격차는 좁혀지지 않겠지. 그러나 중요한 것은 두 사람이 똑같은 일을 하고 있다는 사실, 실제로 업무 기여도에 차이가 없다는 사실이야. 더 나아가 그 과거의 성적이라는 것도 따져볼 필요가 있지. 그것은 온전히 개인이 노력해서 얻은 결과일까? 어느 부모 밑에서 태어나 자랐는가도 중요하지. 부모가 물려준 두뇌와 능력, 부모의 경제적 자본이나 문화적 자본 등에 따라 개인의 능력이 달라지기 마련이니까. 애초에 모두가 각자 다른 출발선에서 달리기 시작했어.

그런데도 입사 과정이 다르니까 비정규직 차별은 당연하다고 말할 수 있을까? '능력에 따른 보상은 정당하다'는 생각이 영혼의 밑바닥까지 가득한 이들은 사람을 도구로 취급하지. 이윤 추구가 목표인 기업이 사람을 도구로 취급한다 하더라도, 학교는 그렇게 해서는 안 돼. 학교의 목표가 이윤 추구는 아니잖아? 사람이 언제나 수단이 아니라 목적임을 가르쳐야 하는 곳이 바로 학교여야 하지 않을까?

값싼 비용은 값비싼 대가를 부른다

체벌로 청소 등 육체노동을 시키는 경우가 종종 있지. 벌이랍시고 왜 청소를 맡길까? 이왕 벌을 줄 바에야 일석이조 아니냐고? 아니, 그러면 학생들은 그 벌을 제대로 된 벌로 여기지 않을 수 있어. '단지 부려먹으려고 벌을 주는 건가?' 하고 생각하기 쉽거든. 자신이 '공짜 인력'으로 쓰였다고 생각하는 거야.

마찬가지로 학교에 차고 넘치는 비정규직들 역시 싼값에

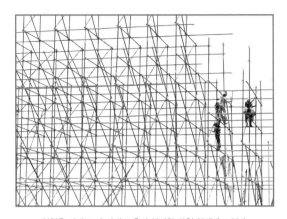

위험은 아래로 더 아래로 흘러 영세한 하청 업체에 고인다.

노동력을 제공하고 있어. 노동자에게 빨대를 꽂고 노동력을 빨아먹는 거야. 학교는 흡혈귀와 다르지 않지. 흡혈 사회가 흡혈 학교를 낳았어. 그러나 학교는 기업이 아니야. 기업이어서도 안 되고. 기업가 입장에서 안 팔리는 상품은 폐기 대상이지만, 교사 입장에서 학업이 부진한 학생일수록 오히려 가장 공들여야 할 대상이지. 이것이 '교육'의 관점이야. 이 관점을 학교에서 일하는 사람들에게도 응당 똑같이 적용해야 하지 않을까?

한국 사회에 비정규직이 만연한 가장 큰 이유는 비용 절감이야. 우리 사회에는 직접고용 대신 간접고용이 넘치지. 직접고용 노동자는 사용자와 고용 기간을 직접 계약하는 거야. 그러나 간접고용 노동자의 고용은 전적으로 원청 업체와 하청 업체의 계약에 달려 있지. 업체 사이의 계약 관계가 끝나면 간접고용 노동자의 일자리가 먼지처럼 사라질 수 있다는 뜻이야. 간접고용을 보통 '외주화外注化'라고 표현해. 외주란 바깥에 주문한다는 뜻으로, 자기 회사에서 생산하지 않는 부품이나 서비스 등을 다른 회사에 맡기는 개념이야.

간접고용은 대표적인 비정규직이지. 비용 절감이 주된 이유야. 비정규직은 정규직에 비해 낮은 임금을 받으니까. 비용 절감에는 임금뿐만 아니라 사내 복지, 퇴직금 등 무수히 많은 게 포함되지. 또 경제적 비용 말고도 다른 부가 비용도 있어. 가령 산업재해가 자주 발생하는 건설 사업장은 벌점을 부과 받고 과징금 처분, 업무 정지 등에 처할 수 있어. 그래서 원청 기업은 위험한 작업을 하청에게 떠넘기지. 이를 '위험의 외주화'라고 불러.

조선소, 지하철역, 건설 현장 등에서 위험한 업무를 단호하게 거절할 수 없는 '을'들이 쓰러져가는 이유야. 2017년 산업재해로 숨진 노동자 중 41퍼센트가 하청 노동자였어. 특히 산재 위험이 큰 대형 건설 현장과 조선소는 산재 사망자 가운데 열에 아홉이 하청 노동자였지. 맹독성 화학물질 처리 같은 매우 위험한 작업은 원청에서 1차 하청 업체를 거쳐 2차 하청 업체, 3차 하청 업체로 떠넘겨지지. 문제가 터지면 원청은 나 몰라라

할 뿐이야. 모든 책임은 하청 업체들이 떠안아야 하지.

또 다른 이유는 언제든 해고가 가능하다는 거야. 이를 '고용 유연화'라고 표현하지. 원청 업체는 하청 업체와의 계약 해지를 통해 언제든 노동자들을 정리할 수 있어. 정규직 직원은 해고가 쉽지 않은데, 외주화를 통해 쉬운 해고가 가능해지지. 여기에는 다른 노림수도 존재하는데, 바로 '노조 무력화'야. 외주화를 통해 비정규직을 늘리면 비정규직 노동자들은 하청 소속이라 원청 기업의 노동조합에 가입할 수 없지. 원청 노조 입장에서는 조합원이 더 이상 늘지 않으니까 노조의 힘이 약해질 수밖에 없어. 기존 조합원이 나이가 들어 퇴직하면 새 조합원이 들어와야 노조가 유지되는데, 회사가 비정규직만 뽑으니 그게 힘들어지겠지.

원청 입장에서는 외주화를 통해 비용 절감과 고용 유연화를 달성할 수 있어. 그런데 비용이 줄어든다는 건 무슨 뜻일까? 외주 업체가 기존 업무를 전보다 더 싸게 수행한다는 뜻이야. 돈을 아낄 수 있으니 무조건 좋은 걸까? 비용을 줄이려면 임금도 줄이고 각종 비용도 줄여야 해. 여기에는 안전 비용 등도 포함되지. 역설적이게도 회사 입장에서의 비용 절감이 사회적으로는 비용 증가를 낳을 수 있어.

2015년 메르스MERS(중동호흡기증후군)가 확산되면서 38명의 사망자가 발생했어. 메르스 사태 때 삼성서울병원이 부분폐쇄 결정을 내린 결정적 요인은 137번 환자를 놓친 데서 비롯했지. 이 환자는 응급실 이송 요원으로서 용역 업체 직원이라 관리 대상에서 누락됐어. 바이러스에 감염된 응급실 이송 요원이 사실상 9일이나 병원을 활보한 사실이 밝혀지면서, "삼성이 뚫린 게 아니라 국가가 뚫린 것"이라며 당당한 모습을 보이던 삼성병원은 이후 완전히 '사죄' 모드로 돌아서고, 마침내 병원의 부분폐쇄 결정까지 내렸지. 당시 삼성서울병원의 비정규직 비율은 35퍼센트에 달했어.

외주화와 감염 관리는 반비례하기 마련이야. 외주화가 광범위하게 이뤄지면 병원은 직원들에 대한 감염 관리가 어렵게 되지. 외주화 노동자들이 감염 관리망의 빈틈을 넘나들기 때문이야. 병원 내 감염이 증가하는 것은 불 보듯 뻔하지. 청소부들은 병원 이곳저곳을 돌아다니고, 환자들과 가까이 접촉하는 간병인과 환자 이송 요원들도 통제가 어렵지. 2003년 대만에서 사스SARS(중증급성호흡기증후군)가 유행할 당시, 대만 질병관리본부는 병원에 외주화 중단을 명령했어. 외주화가 병원 내 감염을 확산시킨다고 판단했기 때문이야.

분명 외주화는 비용을 줄여주지. 그러나 세상에 공짜는 없어. 당장 싼 것은 언젠가 비싼 대가를 지불하지. 비용을 줄인 만큼 사고나 산업재해 등이 늘어날 수밖에 없으니까 비용은 줄지만, 위험은 커지지. 기업이 조금 더 이익을 내려고 꼼수를 쓰는 동안 사회 전반의 위험도 커지는 거야. 값싼 비용은 값비싼 대가를 치르기 마련이지. 결국 싼 것이 싼 게 아닌 셈이야. 싼 것은 덫이야.

멀리 가려거든 함께 가라

'명문대 출신 강남 건물주', 요즘 아이들이 추구하는 인생 목표야. 열심히 공부하면, 더 행복하고 안정적인 삶을 살게 될까? 명문대 출신 강남 건물주가 될 가능성은 얼마나 될까? 건물주는 고사하고 요샌 대기업 취업도 어렵지. 설사 좋은 데 취업한다 해도 말년은 비슷해. 건물주가 아니라 치킨집 사장님이야. 대기업에 다니든 연구원으로 일하든 벤처기업을 차리든, 대개의 종착역은 치킨집이지. 초등학교에서 대학까지 죽어라 공부한 결과가 하나로 귀결되는 거야. 대학이나 전공과 무관하게 말이지.

'평생직장'의 개념은 사라졌어. 대기업에 다녀도 승진을 못하면 퇴직을 강요받지. 한국은 OECD 회원국 가운데 고용이 매우 불안정한 초단기 근속의 나라야. 평균 근속 연수(한 직장에서 계속 근무한 기간)가 5.8년으로 OECD에서 가장 짧은 편이지. 이런 상황에서도 우리는 각자 살 궁리에만 바빠. 어떻게 하면 비정규직이 아니라 정규직이 될 수 있을지 궁리하고 또 궁리하면서. 정규직이 되기 위해 개인적으로 노력할 수 있지만 더 중요한 것은 비정규직 문제가 사회 구조적 문제라는 인식을 가지고 경제 구조를 바꾸기 위해 힘을 모아야 한다는 거야.

너희가 비정규직 문제를 군이 알아야 하는 이유가 뭘까? 비정규직이 800만 명이나 되지. 전체 임금노동자의 절반 정도야. 이 말은 너희가 자라서 비정규직이 될 가능성이 50퍼센트라는 의미이기도 하지. 멀리 갈 필요 없이 우리 주변을 둘러볼까? 앞서 지적한 것처럼 학교에서 일하는 비정규직만 38만 명이야. 학교에서 일하는 노동자의 41퍼센트에 육박하지. 나만 그 절반에 들지 않으면 그만일까? 일하는 사람의 절반이 불행한 사회에서 나머지 절반이라고 마냥 행복할까? 남의 불행을 나의 행복으로 생각하지 않는다면 그럴 수 없겠지.

'절반'이라고 표현했지만, 사실상 절반을 넘어가지. 왜냐하면 현재 청년 신규 취업자의 비정규직 비중이 64퍼센트에 달하거든. 게다가 정규직에서 비정규직으로 이동하는 경우도 많지. 비정규직은 정규직의 미래야. 우리가 비정규직 문제에 관심을 가져야 할 이유지. 남의 문제가 아니라 바로 우리의 문제니까. 우리는 섬으로 존재하는 게 아니야. 모두가 바다 밑에서는 대륙으로 연결돼 있어. "빨리 가려거든 혼자 가고 멀리 가려거든 함께 가라"는 아프리카 속담이 있어. 연대의 중요성을 강조한 속담이지.

노동자가 미래를 꿈꿀 수 없는 사회는 미래가 없지. 너희가 성인이 될 때쯤에는 비정규직 문제가 저절로 해결돼 있을까? 사회 문제가 저절로 해결되는 법은 결코 없어. 모두가 관심을 갖고 바꾸려고 할 때 비로소 사회가 바뀌지. 너희도 이 사회의 구성원이야. 교복을 입었다고 시민이 아니라고 말할 수 없어. 너희는 교복을 입은 시민이야. 우리가 속한 공동체의 문제에 적극적으로 관심을 가져야 해.

11

계단

누군가의 불편,
누군가의 침해당한 자유

내게는 너무 거대한 장벽이야.

"여러분 자신이 다수의 편에 서 있음을 발견할 때는
언제나 잠시 멈춰 서서 성찰할 시간이다."
─마크 트웨인(소설가, 1835~1910)

18센티미터의 장벽

이 세상에서 가장 험난한 레이스를 하나만 꼽자면 무엇일까? 그리고 이 레이스를 하는 건 누구일까?

출발선에서 결승선까지 총 거리는 18센티미터. 그런데 18센티미터는 참가자들 몸길이의 무려 3천 배에 달하는 거리야. 경주에 참여하는 경쟁자는 3억 명이 넘어. 결승선을 통과해서 살아남은 한 놈만이 승자가 되는 가혹한 레이스이기도 하지. 자, 어떤 레이스인 줄 알겠어? 맞아, 정자의 레이스야. 인간의 몸에서 가장 작은 세포가 가장 큰 세포인 난자를 만나는 신비한 여정이지. 멀고 고된 18센티미터의 여정, 3억분의 1이라는 확률을 뚫고 살아남은 최후의 하나가 바로 우리야.

우리 사회에도 18센티미터 앞에서 무릎 꿇는 이들이 있어.

건축물의 피난·방화 구조 등의 기준에 관한 규칙 제15조(계단의 설치 기준)에 따라 계단 높이의 설치 기준은 초등학교 16센티미터 이하, 중·고등학교 18센티미터 이하로 되어 있지. 보통 사람들에게 18센티미터의 계단은 낮은 곳에서 높은 곳으로, 높은 곳에서 낮은 곳으로 가는 통로일 뿐이야. 그러나 어떤 이들에게는 그들을 가로막는 거대한 장벽이지. 휠체어를 타는 장애인들이 바로 그들이야. 계단 같은 물리적 장애물이 장애인의 이동을 막아서고 자유를 제한하지.

'장애인차별금지 및 권리구제 등에 관한 법률'에 따라 2011년부터 모든 초·중·고등학교는 교내에 휠체어 경사로 등 장애인 편의 시설을 의무적으로 설치하게 됐어. 장애인 편의 시설은 경사로, 승강기, 복도 손잡이, 장애인 화장실, 주 출입구 접근로, 장애인 주차구역 등을 포함하지. 2015년 기준 서울 시내 2,200개 초·중·고등학교의 장애인 편의 시설 설치율은 85퍼센트에 달해. 완벽한 건 아니지만, 통계만 보면 장애인도 어렵지 않게 일반 학교를 다닐 수 있을 것 같지. 그런데 현실은 어떨까? 완전 딴판이야.

85퍼센트라는 수치는 해당 학교에 장애인 편의 시설이 있는지만 조사한 결과지. 가령 계단 대신 경사로가 하나만 있는 학교도 85퍼센트에 들어갈 수 있어. 즉 85퍼센트라는 수치는 학교에 장애인 편의 시설이 얼마나 잘 갖춰져 있는지를 보여주지 못해. 또한 눈에 보이는 물리적 장벽이 일부 사라졌더라도 여전히 많은 장벽이 남아 있지. 심리적 장벽이 강고하게 버티고 있기 때문이야. 물리적 장벽 못지않게 심리적 장벽도 중요해. 물리적 장벽은 결국 심리적 장벽이 만들거든. 심리적 장벽이 '예산도 부족한데, 어떻게 한 명 때문에 시설을 설치하나?' 같은 생각을 부추기지.

마찬가지로 차별에는 두 가지 방식이 있어. 노골적 차별과 은근한 차별이야.

장애인 입학을 대놓고 거부한다면 노골적 차별이야. 반면 입학을 거부하진 않지만 실제로 학교에 다니기 어려운 상황이라면 은근한(은밀한) 차별이지. 경사로, 장애인 화장실, 엘리베이터 등을 제대로 갖추고 있지 않다면 곧 은밀한 차별로 볼 수 있어. 규정에 맞추기 위해 형식적으로 한 개씩 설치돼 있는 게 아니라 장애인이 실제로 학교를 다닐 수 있게끔 설치돼 있지 않다면 제대로 갖춰진 게 아니지. 이것도 결국 장애인 입학을 거부하는 것과 같아.

두 개의 턱

《희망 대신 욕망》을 쓴 김원영 변호사는 책에서 재활 학교에 들어가 장애인을 처음 보았다고 고백하지. "태어나서 나 이외에 '장애인'이라는 존재를 본 일이 없었기 때문에 충격을 받았다"고 해. 그때가 저자 나이 열다섯 살이었지. 자신도 장애인이면서 정작 다른 장애인을 왜 보지 못했을까? "한국에는 장애인이 없나요?" 한국 거리를 둘러본 외국인이 고개를 갸우뚱하며 하는 질문 중 하나지. 보이지 않는다고 없는 게 아니야. 보건복지부의 장애인 등록 현황에 따르면 2018년 기준 등록된 장애인 수만 258만여 명이고, 미등록자까지 포함하면 400만여 명이 넘을 것으로 추정되거든. 258만 명이라고 쳐도 백 명 중 다섯 명꼴이야.

인구 대비 장애인 비율을 '장애인 출현율'이라고 부르지. 한국의 장애인 출현율은 5퍼센트 내외야. 이는 OECD 평균인 15퍼센트의 3분의 1에 불과해. 장애인 등록이 거부되거나 스스로 장애인 등록을 거부한 이들이 그만큼 많다는 뜻이겠지. 한국 사회에서 장애인에 대한 인정과 그에 따른 지원이 부족하다는 증거일 거야. 아무튼 258만여 명이나 되는 장애인은 어디에 있을까? 어디에 있기에, 외국인들이 의아해할 정도로 길에서 마주치기 어려운 걸까?

　오늘 하루 너희를 스쳐 지나간 사람이 몇 명이나 될까? 학교, 학원, 편의점, 길거리……. 너희가 머물거나 지나친 곳들을 전부 합해서 말이야. 학교 복도나 길거리에서 얼굴도 못 본 채 스친 사람들까지 다 헤아리면 200명에서 300명은 족히 될 거야. 그중에 장애인은 몇 명이나 될까? 아마 거의 없었을걸? 인구의 5퍼센트가 장애인이라면 못해도 200~300명 중에 10~15명의 장애인은 있어야겠지? 그런데 실제로는 한 명도 못 본 거야. 장애인들이 집에 꼭꼭 숨어 있는 경우가 많은 탓이지. 창살만 없을 뿐 감옥과 다름없는 공간에 갇혀 지내는 사람들이 여전히 적지 않아.

　'이동권'이라는 말이 있지. 쉽게 말해 이동할 수 있는 권리를 뜻해. 2003년 국립국어원 신어新語 자료집에 수록된 단어야. 그러니까 그전에는 없었던 말이지. '이동'이 생존에 필요한 당연한 권리라고 여겨지지 않았으니까. 이전까지 사용되지 않았던 말, 즉 그다지 관심을 가지지 않았던 권리가 2003년부터 주목받았던 거야. 그때부터 이동권에 더 많은 장애인들이 눈을 떴고 비장애인들도 관심을 갖기 시작했어.

　세상에는 장애인을 가로막는 턱 말고도 보이지 않는 턱도 많아. 장애인에 대한 편견과 차별의 턱 말이야. 보이는 턱과 보이지 않는 턱이 장애인을 겹겹이 에워싸고 있어. 장애인이 집 밖으로 쉽사리 나오지 못하는 이유지. 교통약자의 외출 빈도는 대체로 일반인보다 낮지. 지역 내 외출 빈도는 큰 차이가 없지만, 지역 간 외출 빈도는 큰 차이를 보여. 〈2017년 교통약자 이동편의 실태조사〉에 따르면, 1년에 15회 이상, 즉 월평균 1회 이상 외출하는 비율은 일반인(31.8퍼센트), 고령자(23.3퍼센트), 임산부(13.9퍼센트), 장애인(6.0퍼센트) 순이었지.

장애인은 집 안에만 있어야 한다는 생각은 당연히 잘못된 생각이야. 그런데 그 그릇된 생각이 오랫동안 당연한 것처럼 여겨져왔고, 그 결과로 장애인은 집에 갇혀 지내야 하는 경우가 많았지. 사람들은 자기가 잘못된 생각에 사로잡혀 타인을 차별하고 있다는 사실을 부정해. 예를 들어 많은 흑인들이 여전히 차별받는다고 느끼지만, 많은 '선량한' 백인들은 자신이 차별주의자가 아니라고 생각하지. 차별받는 사람은 있는데 차별하는 사람은 없는 상황이야. 당하는 사람은 느끼지만 가하는 사람은 못 느끼는 차별, 왜 이런 일이 벌어질까?

강릉원주대 다문화학과 김지혜 교수는 《선량한 차별주의자》에서 그 이유로 '특권'을 들고 있어. 흔히 특권을 소수의 재벌이나 권력자의 특혜로 좁게 이해하지만, 특권은 특별한 사람들만 향유하는 게 아니야. 특권이란 유리한 사회적 조건 덕분에 누리는 온갖 혜택을 말하지. 가령 대중교통을 이용하는 건 특권일까? 휠체어를 타는 장애인이 시외버스 등을 타기 힘든 상황과 비교하면 대중교통 이용은 특권이지. 누군가 당연한 권리라고 생각하는 것들이 다른 누군가에겐 특권일 수 있어.

비장애인이라서, 남성이라서, 이성애자라서, 한국인이라서 대개의 사람들이 아무렇지 않게 누리는 것들이 그것을 누리지 못하는 장애인, 여성, 동성애자, 이주노동자와 난민에게는 특권일 수밖에 없지. 자기가 누리는 특권을 당연한 권리로 여기는 순간, 그것을 누릴 수 없는 이들에게 의도치 않은 '차별'을 가할 수 있어. 대놓고 하는 차별은 아니지만, 은밀하고 보이지 않는 차별이야.

낡은 생각을 던져버려야 해. 철학자 프리드리히 니체(1844~1900)는 《아침놀Morgenröte》이라는 책에서 "허물을 벗을 수 없는 뱀은 파멸한다. 의견을 바꾸는 것을 방해받는 정신들도 이와 마찬가지다. 그들은 정신이기를 그친다"라고 말했어. 뱀이 허물을 벗지 못하면 끝내 죽고 말듯이 인간의 정신도 낡은 사고의 허물에 갇히면 죽고 만다는 의미야. 그런 정신은 성장은 커녕 안에서부터 썩기 시작해서 마침내 죽게 되지.

모두를 위한 디자인

버스 출입문이 아주 낮게 설치돼서 무릎이 안 좋은 어르신이나 휠체어를 탄 사람이 어렵지 않게 승하차할 수 있는 버스가 있지. 바로 저상버스야. 15년 전만 해도 우리나라에 저상버스는 한 대도 없었어. 지금은 당연한 것처럼 이용하는 저상버스와 지하철역 엘리베이터는 수많은 장애인이 힘겨운 투쟁을 통해 얻어낸 거야. 지하철 선로에 몸을 묶기도 하고 장애인 수백 명이 기어서 마포대교를 건너기도 했거든.

거리에서 온몸으로 저항하는 그들의 삶은 생활보다 생존의 문제에 가까워 보였어. '어떻게 하면 잘 살까'가 아니라 '어떻게 하면 살아남을까'를 고민하는 삶. 그렇게 저항하지 않았다면 감옥 같았던 그들의 삶은 손톱만큼도 바뀌지 않았을 거야. 그렇게 해서 저상버스가 처음 도입된 게 2003년이지. 이동권이 국립국어원 자료집에 실린 바로 그해야.

저상버스가 도입되고 15년이 흘렀지만 여전히 부족한 실정이지. 저상버스 보급률은 19퍼센트 수준이야. 고속버스·시외버스의 경우에는 저상버스가 한 대도 없지. 장애인 콜택시의 경우, 지자체 70퍼센트가 법정 대수조차 채우지 못하고 있지.

더 많은 저상버스가 '장애인을 위해' 도입돼야 할까? 우리는 이 문제를 다른 관점에서 접근할 필요가 있어. 장애인과 비장애인 모두가 자유롭게 이용할 수 있는 시설과 교통수단이라는 관점이야. 장애인을 위해서가 아니라 교통약자, 그리고 우리 모두를 위한 시설과 교통수단이 되어야 해. 이렇게 시설을 디자인하는 것을 보편적 디자인universal design이라고 해. 여기서 '보편'은 '누구나'를 의미한다고 생각하면 돼. 보편적 디자인은 누구나 편리하게 이용할 수 있도록 한 디자인이야. 장애인, 임산부, 노약자 등이 활동의 제약 없이 이용하도록 배려한 디자인이지. 몸이 불편한 사람을 포함하여 남녀노소 누구나 편리하게 이용할 수 있도록 말이야. 2018년 기준으로 장애인, 고령자, 어린이 등 교통약자가 1,500만 명에 달하지.

보편적 디자인은 장애인 전용 디자인과도 달라. 지하철역 계단에 설치된 리프트lift는 장애인 전용 디자인을 보여주지. 이런 시설은 장애인과 비장애인을 구분 짓고 분리하거든. 또 부정적 의미에서 장애를 도드라지게 만들지. 리프트를 이용하려면 역무원의 도움을 받아야 하고, 리프트에 탑승하면 불편한 시선을 감내해야 되거든. 장애인이 바라는 건 타인의 도움이 아니라 도움 없이도 혼자 할 수 있는 거야. 원하지 않는 도움, 받고 싶지 않은 시선으로부터 장애인을 자유롭게 해줄 수 없을까? 그래서 등장한 게 보편적 디자인이야.

리프트 대신 엘리베이터를 설치하면 장애인 말고도 노약자, 임산부, 유모차를 끄는 사람 등 많은 이들이 이용할 수 있어. 지하철역 엘리베이터처럼 보편적 디자인은 장애인만을 배려한 별도의 디자인이 아니야. 보편적 디자인은 장애인뿐만 아니라 모두에게 좋은 거야. 장애인과 비장애인이 서로 섞여 어우러지도록 만드는 디자인이거든. 싱가포르에 있는 발달장애인 시설인 '이네이블링 빌리지Enabling Village'의 계단은 보편적 디자인의 좋은 사례야. 일반적으로 장애인용 경사로는 계단 한쪽 구석에 칸막이를 치고 숨겨놓듯 배치하지. 반면 이곳의 경사로는 계단 중심에 자연스레 녹아들어 있어.

싱가포르에 있는 발달장애인을 위한 계단. 왼쪽 끝에서 오른쪽 끝까지, 거기서 다시 왼쪽 끝으로 천천히 이동하며 사선으로 올라갈 수 있도록 설치되었다.

계단

누구나 장애인이 될 수 있어. 자기가 원치 않아도, 사고든 질병이든 불운한 계기로 말이야.

"저나 여러분이 오늘 집에 돌아가다가 여자(나 남자)가 되거나, 피부색이 바뀔 가능성은 없습니다. 하지만 장애인이 될 가능성은 있죠."

미국에서 부통령을 지낸 앨 고어가 한 말이야. 그런 의미에서도 장애인을 위한 편의 시설은 모두에게 열린 시설이라 하겠지.

우리는 모두 장애인

너희는 장애가 없으면 1등 시민이고, 장애가 있으면 2등 시민이라고 생각하니? 철학자 낸시 프레이저(1947~)는 "무시는 심리적 상태가 아니라 제도화된 사회적 관계다"라고 했지. 정자 이야기로 다시 돌아가자면 우리는 모두 2등이었을 뿐이야. 가장 먼저 도착한 1등 정자는 난자를 감싸고 있는 난구 세포를 없애지. 난구 세포를 없애는 데 온 힘을 쏟은 나머지 탈진해버리고, 결국 2등 정자가 난자와 만나게 돼. 우리가 세상에 나올 수 있었던 건 1등 정자 수백 마리의 희생 덕분이야.

노동 생산성에서 어떤 장애인은 비장애인에 미치지 못하지. 쉽게 말해, 똑같이 한 시간을 일하는데 비장애인이 2만큼 생산할 때 장애인은 1만큼 생산한다는 거야. 그렇다고 생산성이 떨어지는 장애인을 불필요한 존재로 치부해도 될까? 효율성의 잣대로만 사람을 판단한다면 그렇게 여길 수 있겠지. 효율성은 중요하지만, 이를 절대화해서는 안 돼. 특히나 사람에 대해서 효율성의 잣대를 함부로 들이대는 건 대단히 위험해. 효율성의 가치에 부합하지 않는 노인, 어린이, 임신부, 장애인 등은 모두 2등 시민으로 전락할 테지. 이 대목에서 능력의 차이에 대해 다시 생각해볼 필요가 있어.

프랑스 사회학자 피에르 부르디외(1930~2002)는 '지적 인종주의'라는 개념을 제시했어. 인종주의가 피부 색깔로 사람을 차별한다면, 지적 인종주의는 지적 능력으로 사람을 차별하는 거야. 피부 빛깔을 선택해서 태어날 수 없듯이 부모와 두뇌도 선택해서 태어날 수 없어. 앞에서 한번 지적했듯이 부모가 물려준 두뇌와 능력, 부모의 경제적 자본이나 문화적 자본 등에 따라 개인 능력이 달라지는데, 능력에 따라 사회적 차별을 가하는 것은 또 다른 인종차별이라는 거야.

신체장애란 객관적인 상태일까? 겉으로 신체의 장애 유무를 판단할 수 있다는 점에서 그런 것 같아. 그런데 사회적·기

장애는 없다. 장애를 장애로만 보는 '마음의 장애'가 있을 뿐이다.

술적 조건에 따라 장애 유무가 달라진다는 점에서 객관적이기만 한 건 아니지. 나는 눈이 아주 나쁜 편이야. 안경이 없으면 생활이 어려울 정도거든. 만약 안경이 없던 시절에 태어났다면 나는 영락없이 장애인이 되었을 테지. 안경 덕분에 비장애인으로 살아갈 수 있는 거야. 이렇게 기술적 조건이 장애를 비장애로 만들지.

또한, 장애는 고정적이지 않아. 누구나 장애인이 될 수 있으니까. 또 나이를 먹으면서 무언가에 기대고 의존하게 되지. 지팡이가 됐든 사람이 됐든 말이야. 그런 점에서 우리는 모두 예비 장애인인 셈이지. 어떻게 보면 지금도 장애를 지닌 채 산다고 볼 수 있어. 무슨 말이냐고? 장애란 누군가에게 의지하고 폐를 끼치는 상태 아니겠어? 그런데 따지고 보면, 모두가 그렇게 산다고 말할 수 있잖아. 세상에 남에게 전혀 폐를 끼치지 않는 존재는 없으니까. 서로가 서로에게 기대고 폐를 끼치면서 살아가지. 나는 너에게, 너는 나에게 말이야.

어디 그뿐이야? 인간은 지구에, 지구는 태양에 빚지고 있어. 태양이 없으면 지구도 없고, 지구가 없다면 인간도 없지. 그렇게 온 세상이, 아니 온 우주가 서로에게 기대고 의존하는 거야. 인간이 사회를 이루며 사는 이유도 여기에 있어. 혼자서도 충분하다면 로빈슨 크루소처럼 무인도에 혼자 살면 되지, 굳이 사회를 이루고 살 필요가 없잖아? 프랑스 인류학자 클로드 레비스트로스(1908~2009)는 《슬픈 열대 Tristes Tropiques》에서 "개인이 집단 속에서 혼자 존재하는 것이 아니고, 또 각 사회가 여러 사회들 가운데서 혼자 존재하는 것이 아닌 것처럼, 인간도 우주 속에서 혼자 존재하는 것이 아니다"라고 했어.

우리 모두는 얽히고설킨 거대한 그물의 일부야. 그렇다면 장애를 큰 흠결인 것처럼, 장애인들의 요구를 특혜인 것처럼 여겨선 안 되겠지. 장애인은 능력이 달리기보다 조금 다르고, 불쌍하기보다 조금 불편할 따름이야. 문제는 장애가 아니야. 장애를 장애로만 보는 인식과 차별이 문제지.

"우리는 장애를 극복하려 애써 노력하지 않는다. 장애로 인한 차별을 극복하기 위해 노력할 뿐이다."

2005년 장애인의 날에 장애인들이 발표한 성명서 중 일부야. 세상에는 목소리 없는 사람들이 적지 않아. 한국 사회에도 목소리 없는 투명 인간들이 참 많지. 피와 살로 이루어진 사람들인데도, 사회적으로 보이지 않는 사람들이야. 너희들은 아직 어른이 아니지만, 청소년기를 거쳐 어른이 될 거야. 어른이 된다는 게 뭘까? 그저 키가 자라고 머리가 커지면, 나이가 들면 어른일까? 어른이 되고 철이 드는 건 그런 게 아니야. 어려서 못 보던 것들을 볼 수 있는 눈을 가져야 어른이라 말할 수 있지. 투명 인간을 똑바로 볼 수 있어야 해.

우리가 지적 인종주의를 버리고 세상을 본다면 무능력하다고 낙인찍힌 사람들을 좀 더 너그럽게 바라볼 수 있어. 설사 능력이 다소 떨어지더라도 능력과 상관없이 누구나 존엄한 인간으로 존중받아야 해.

가르침은 가름일 수 없다

《어린 왕자》에 보면 "정말 중요한 건 눈에 보이지 않는다"라는 글이 나와. 마음으로 보지 않고 눈에 보이는 장애로 사람을 판단하고 차별해선 안 돼. 장애와 비장애 사이에 그어진 선은 절대적인 게 아니야. 어떻게 가를지는 사회와 문화에 따라 달라질 수 있어. 어느 사회에서는 장애로 보지 않는 것들이 다른 사회에서는 치명적인 장애로 여겨지지. 장애와 비장애를 어떻게 가를지는 우리가 결정할 수 있어.

가름은 교육이 아니야. 교육은 배제가 아니라 포용을, 가름이 아니라 품음을 추구해야지. 교육은 가르고 나누는 것이 아니라 품어 안는 거야. 사회가 자꾸 나누고 가르려 해도, 학교는 그래선 안 되지. 기업이 고용 등에서 장애인을 차별한다 해도, 학교까지 그래선 안 돼. 국가도 마찬가지고. 학교와 국가는 기업이 아니니까. 학교는 사익이 아닌 공익을 추구하는 곳이니까. 학교와 국가를 기업처럼 운영하면 사회는 붕괴될 거야. 이윤만을 가장 중시할 테니까 당장 돈이 되지 않는 것들은 버려지고 쫓겨날 테니까. 교육의 본령은 가르는 게 아니고, 가르는 게 되어서도 안 되지.

모든 가름은 인위적이야. 자연은 가르는 법이 없거든. '정상'이라는 게 지극히 인위적인 개념이지. 집에서 학교까지 이동하는 데 정상적인 이동 수단이 따로 있을까? 걸어가는 것만이 정상일까? 자전거를 타거나 인라인스케이트를 타거나 킥보드를 타면 비정상이야? 그렇게 말하기 어려울 거야. 자전거나 인라인스케이트, 킥보드가 비정상이 아니라면 휠체어도 비정상이 아니겠지. 그러나 길 위에 돌부리처럼 튀어나온 수많은 턱들은 휠체어가 비정상이라고 항변하는 듯해. 걸어가는 것만이 정상이라고 주장하는 사람이 있다면 그 사람이 바로 '이상한 정상인'이 아닐까?

그러나 현실은 학교 역시 가름과 나눔에서 자유롭지 않다는 거야. 장애인만의 문제도 아니야. 학교에서 성적은 가름과 나눔의 절대적 기준선이 되지. 어떤 학교에서는 심지어 급식 순서조차 성적에 따라 정한다고 해. 교양이 없는 교육이 팽배해 있지. 인권, 차별에 대한 교양이 필요해. 교양(가치)이 없는 지식은 위험하고, 지식이 없는 교양(가치)은 공허하지. 영국 소설가 클라이브 스테이플스 루이스(1898~1963)는 "가치관이 배제된 교육은 사람을 영리한 악마로 만들 뿐이다"라고 했어. '옳고 그름'을 따져 물을 수 없는 교육은 그저 머리에 든 것만 많은 노예를 만들 뿐이야.

12

학교의 안팎

폭력의 그늘

"인간은 천사도 아니고 동물도 아니다."

−블레즈 파스칼(수학자, 1623∼1662)

그들은 왜 친구를 때렸을까

스탠리 큐브릭(1928~1999) 감독의 〈2001 스페이스 오디세이〉(1968)는 SF 영화의 고전이야. 영화 초반부에 인류의 조상으로 보이는 유인원이 뼈를 무기 삼아 다른 집단을 공격하는 폭력적인 장면이 그려지지. 처음부터 인류는 폭력적이었던 걸까? 1991년 알프스 빙하에서 시체가 발견됐어. 이탈리아 경찰이 수사에 나섰으나 범인을 잡을 수 없었지. 부검 결과, 5300년 전 신석기 시대에 사망한 것으로 밝혀졌거든. 어깨에 화살이 박힌 채 발견된 시체는 '유럽 최초의 피살자'로도 불리지.

선사 시대 인간이 타살로 숨질 확률은 15퍼센트에 달했어. 이를 근거로 인간에게 폭력성이 깊이 내재돼 있다고 말할 수도 있겠지. 한편으로 삶이 그만큼 척박했다는 증거로도 볼 수 있을 거야. 20세기에 오면 피살률은 3퍼센트로 줄어들지. 제2차 세계대전 때 5,500만 명이 숨지지 않았냐고? 전체 인구 대비 비율로 따져 보면 과거에 비해 적은 편이야. 8세기 중국 '안녹산의 난' 때 3,600만 명이 희생됐는데 20세기 중반 25억 인구로 환산하면 사망자 수는 4억 2,900만 명이 되지.

진화심리학자 스티븐 핑커(1954~)는 현대가 인류 역사에서 가장 덜 폭력적인 시대라고 평가했어. 실제로 인구 10만 명당 살해된 인구는 16세기에 100명이었지만, 현대는 0.5명으로 200분의 1로 줄었지. 피살자가 줄어든 만큼 인간 본성이 선해진 걸까? 스티븐 핑커는 인간에겐 천사와 악마가 공존하는데 어떤 성향이 우위에 서느냐는 사회적 환경에 달려 있다고 설명했어. 오늘날은 국가의 등장, 문명화, 계몽주의 확산 덕분에 폭력이 감소했다고 분석했지.

학교 폭력도 마찬가지 아닐까? 가해 학생은 본성이 악해서 폭력을 저지르는 걸까? 문제의 원인을 개인의 본성에서 찾으면 문제 해결은 쉽지. 가해자만 처벌하면 그만이니까. 그러나 그건 문제의 해결이 아니라 회피 아닐까? 한 개인을 처벌하더라도 집단 내 폭력은 여전히 발생할 테니까. 개인의 본성을 따지기 전에 가해자가 처한 사회적 환경을 들여다봐야 해. 그렇지 않으면 본질을 놓칠 수 있지.

폭력이 폭력을 낳는다

학교 안: 옥상, 화장실, 빈 교실, 건물 뒤편 등.

학교 밖: 공원, 골목, 공터, 공사장, 통행이 뜸한 곳 등.

학교 폭력이 가장 많이 발생하는 곳은 어디일까? 사람들은 학생들 사이에서 벌어지는 폭력이 학교의 후미진 곳에서 주로 발생한다고 생각해. 그런데 관련 자료를 찾아보면 뜻밖의 사실을 발견하게 돼. 학교 폭력이 의외로 아주 다양한 장소에서 벌어진다는 점이야. 게다가 구석진 곳이 아닌 곳에서 더 많이 발생하지. 2011년 디자인지식저널에 발표된 〈학교 폭력으로부터 안전한 중학교 환경계획에 관한 연구〉에 따르면, 학교 폭력은 교실, 복도, 화장실 순으로 발생한다고 해.

이게 무슨 의미일까? 학교 폭력이 그만큼 만연돼 있다는 의미겠지. 어린 학생들이 왜 그렇게 폭력적이냐고? 이전에 폭력을 당했기 때문이지.

"연극의 1막에 등장한 총은 3막에서 반드시 발사된다."

러시아 문호의 이름을 빌려온 '체호프의 법칙'이야. 폭력의 전조가 있으면 나중에 무조건 폭력이 발생한다는 연극의 법칙이지. 그런데 이 법칙은 우리 현실에도 적용될 수 있어. 현실에서 폭력은 또 다른 폭력을 낳거든. 보복과 복수만을 말하는 게 아니야.

폭력 피해 경험이 폭력 가해 행위로 나타나지. 가해자는 가해자가 되기 이전에 피해자였던 경우가 많아. 폭력적인 청소년은 과거에 학교에서 폭력을 당했거나 어릴 때 폭력을 경험했을 가능성이 매우 높지. 남에게 폭력을 당하지 않으려고 자기보다 약한 사람에게 폭력을 가하는 거야. 그런 식으로 자기를 지키지. 약자를 괴롭혀 자신을 지키는 전략이야. 이렇게 폭력의 피해자가 나중에 폭력의 가해자가 되는 사례는 아주 흔하지. 결국 모든 폭력은 폭력에서 나온다고 볼 수 있어.

학교에서 폭력은 대물림되고 있어. 한국교육인류학회가 2017년 발표한 〈"이게 다 학교 때문입니다": 학교에서 새겨진 폭력〉은 학교 폭력 가해자를 심층 면접한 논문이야. 논문에 등장하는 학생은 중학교에 입학하면서 학교 폭력의 피해자가 됐어. 이후 폭력의 규범을 내재화한 학생은 고학년이 돼서 그 규범에 따라 아이들을 폭행했지. 학교 폭력의 가해자로 돌변했던 거야. 그 학생이 피해자에서 가해자로 바뀌는 데는 피해자였을 때 그를 감싸주고 의지할 수 있는 인물의 부재, 그리고 그런 사태를 방치하고 폭탄 돌리기식으로 문제를 회피한 학교의 무책임한 조치 등이 중요하게 작용했어.

학교 폭력이라는 말은 일반적으로 학생들 사이에 일어난 폭력으로 한정되지. 이 말을 영어로 번역하면 'school violence', 'violence in school' 정도가 되지 않을까? 당연히 학교에서 일어나는 폭력쯤으로 이해되지. 그런데 한국 사회에서 '학교 폭력'이라는 말은 학생들 사이에서 벌어지는 폭력으로 좁게 쓰이곤 해. 하지만 학교에서는 학생들끼리의 폭력 말고도 교사와 학생 사이, 관리자와 교사 사이, 교사와 교사 사이 등 여러 폭력이 벌어지지. 앞서 살펴본 교문 지도가 대표적이야. 예전에는 교문 지도에 체벌도 뒤따랐거든. 교사에 의해 모욕과 모멸을 당하는 학생, 교사 주도로 왕따를 당하는 학생, 교사의 잔심부름을 도맡아하는 학생, 학교 행사를 위한 청소 및 정리에 동원되는 학생, 통제와 감시 아래 개성과 존엄을 훼손당하는 학생…… . 학교가 저지르는 폭력의 희생양들이지. 진짜 문제는 학교 폭력이 아니라 폭력 학교인지도 몰라.

학교가 학생의 성장과 배움을 위한 공간이 아니라 오직 대학을 가기 위한 입시 양성소이기에 폭력은 더욱 자연스럽지. 인하대 국어문화원의 조사에 따르면 초·중·고등학생 14~19세 청소년의 95퍼센트가 욕설을 하고, 80퍼센트가 초등학교 때부터 욕설을 사용했지. 욕을 하게 만드는 가장 큰 주범이 학업 스트레스야. 사회가 모두를 무한 경쟁으로 내몰고 있어. 한마디로 '팔꿈치 사회'라고 할 수 있지. '팔꿈치 사회'는 1982년 독일에서 '올해의 단어'로 뽑힌 말이야. 옆 사람을 팔꿈치로 밀치며 앞서 나가야만 살아남을 수 있다고 생각하는 경쟁 사회를 일컫지. 무한 경쟁의 분위기 속에서 청소년들은 지속적으로 차별과 배제, 무시를 경험하고 있지.

성적 경쟁이 수많은 서열 문제를 부추기는 측면이 있어. 학교가 공부로 서열화하고, 그 서열에서 배제된 아이들은 온갖 것들로 서열을 만들어 폭력을 일삼지. 그중 으뜸은 당연히 '싸움'이야. 서열의 끝에 있는 아이들이 폭력과 괴롭힘의 희생양이 되지. 어른들이 그렇게 만든 거야. 초등학생의 건강을 체크해주는 건강 앱이 학생들의 신체 정보에 점수를 부여하고 '성장 랭킹'이라는 이름으로 등수를 매긴 적이 있어. 사소한 해프닝 같지만, 서열의식이 얼마나 뿌리 깊은지 보여주지. 거의 모든 것이 서열화의 땔감이 되고 있어. 어린이와 청소년들이 서열의식을 내면화할 수밖에 없는 현실이야.

교육공동체벗에서 출간한 《그리고 학교는 무사했다》에서는 이 상황을 "긴 시간을 학교라는 공간에서 지내면서 학생들은 서로에 대한 정보를 모은다. 그들이 모으는 정보에는 누가 공부를 못하는지, 누구의 옷차림이 어떠한지, 부모님이 어떤 대학을 나왔는지, 누가 힘이 센지, 내가 이길 수 있는 아이인지,

아버지의 직업이 어떻고 어떤 집에 사는지 등 수많은 정보가 포함된다. 이러한 정보들이 재배열되거나 고착화되면서 권력 관계가 형성된다"라고 설명하지. 학교 폭력은 그 권력 관계 속에서 벌어지는 거야. 폭력이 발생하는 조건은 서열화와 폐쇄성이야. 학교는 두 조건을 완벽히 충족하지.

사회가 더 폭력적이다

학교는 사회의 축소판이야. 학교 폭력은 사회의 폭력성을 되비추지. 이때의 폭력은 살인이나 강도 등의 범죄만을 가리키는 게 아니지. 차별과 같은 사회적 폭력을 말하는 거야. 강자가 약자를 억압하고 착취하는 세상, 정의가 승리하는 게 아니라 승리하는 것이 정의가 되는 세상. 서열, 권력, 차별, 배제……. 학교 폭력은 사회의 폭력이 학교로 스며든 결과야. 약자와 소수자에 대한 폭력이 만연한 사회에서 청소년들만 멀쩡하길 바랄 수는 없지.

학교라는 작은 공동체는 사회라는 큰 공동체에 속해 있어. 작은 공동체가 큰 공동체의 영향을 받는 건 당연하지. 청소년들이 병들었다면 그건 전적으로 사회 탓이지 청소년들 책임이 아니야. 병든 사회가 청소년들을 병들게 하지. 학생들이 무인도에 사는 게 아니니까. 학교 폭력도 문제지만, 사회가 폭력적이라는 게 더 큰 문제야. 한국 사회는 일상적으로 약자와 소수자를 괴롭히는 사회지. 약자와 소수자에 대한 차별과 폭력이 만연해 있거든. 여성, 장애인, 이주민, 성소수자 등이 차별과 폭력의 먹잇감이 되곤 하지.

소수자에 대한 편견과 관련된 심리 실험 이야기를 하나 해 볼게. 실험자가 세 살부터 일곱 살까지의 흑인 아동들에게 백인 인형과 유색인(갈색) 인형을 보여준 뒤 "가지고 놀고 싶은 인형은?", "착한 인형은?", "나빠 보이는 인형은?" 등의 질문을 하며 인형을 고르게 했어. 결과는 놀라웠지. 흑인 아동들 대다수가 백인 인형을 선호했어. 67퍼센트가 백인 인형을 가지고 놀고 싶어 했지. 59퍼센트가 백인 인형을 착한 인형이라고 골랐어. 반면 59퍼센트가 유색인 인형을 나빠 보이는 인형으로 지목했지. 백인 인형이 나빠 보인다는 아동은 17퍼센트였고, 나머지 24퍼센트는 아무것도 고르지 못했어.

"자기랑 닮은 인형은 어느 쪽일까?"

실험자가 마지막 질문을 던졌지. 이 질문에 몇몇 아동은 울음을 터뜨리고 말았어. 앞선 질문들에서 스스로를 부정했다는 사실을 불현듯 깨닫고 터져 나온 울음이었지.

"아까 나는 유색인 인형을 나빠 보인다고 골랐는데, 사실 나도 유색인이잖아."

한 아동은 자신과 닮은 인형으로 유색인 인형을 고른 후 "제 얼굴이 타서 엉망이 됐어요"라며 자기변명을 늘어놓기도 했어. 1947년 미국에서 진행된 실험은 인종적 편견이 어린 시절부터 내면화된다는 사실을 보여주지.

실험에서 보듯이 소수자에 대한 편견은 뿌리 깊고 끈질기지. 2011년 부산의 한 목욕탕에서 구수진 씨가 입장이 거부됐어. 그는 우즈베키스탄 출신이지만 귀화한, 엄연한 한국인이었지. 목욕탕 주인은 피부색과 생김새가 '외국인'이라서 입장을 거부했다고 해. '내국인 전용'은 외국인을 꺼리는 손님들을 위해 어쩔 수 없는 걸까? 앞서 살펴본 흑백 분리 시대의 미국과 무엇이 다를까? 당시 미국 사회는 버스와 열차, 병원과 공원, 심지어 화장실조차 흑인과 백인을 분리했다고 했잖아. 우리의 '내국인 전용'과 미국의 '백인 전용'은 쌍둥이야.

2011년 노르웨이에서 끔찍한 테러가 발생했어. 아네르스 베링 브레이비크(1979~)라는 극우 테러리스트가 100여 명을 죽인 테러였지. 그런데 인터넷에 올린 선언문에서 그는 가장 좋아하는 나라로 한국과 일본을 지목했어. 이민자가 없는 사회라는 이유 때문이었지. 2018년 6월 500명의 예멘인이 한꺼번에 입국하면서 난민 문제가 불거졌어. "예멘인들은 가짜 난민이다", "난민이 들어오면 범죄율이 높아진다"라는 가짜 뉴스가 판쳤지. 난민 문제가 인도적 사안이 아니라 범죄 예방의 문제로 둔갑한 거야. 결국 500명 중 난민으로 인정받은 사람은 두 명뿐이었지.

인종이나 민족, 국적, 성별, 연령 등을 이유로 가해지는 혐오 표현과 차별은 엄연히 폭력이야. 문제는 혐오 폭력이 더 큰 폭력으로 발전한다는 거지. 혐오 표현은 그 자체로도 폭력이지만 더 큰 폭력을 낳는 도화선이 되기도 하거든. 혐오 표현을 하는 사람 중에 증오 범죄를 저지르는 사람이 나오지. 편견을 말로 드러내면 혐오 표현이고 물리적인 폭력으로 드러내면 증오 범죄가 돼. 평소 성적 농담과 성희롱을 일삼던 사람이 상대가 취약한 상태일 때, 술에 취했다거나 인사ᄉᆞᄇᆞ를 앞두고 있을 때 성추행이나 성폭력을 시도하는 경우가 비슷하지.

학교 폭력은 학교에서 비롯된 문제가 맞지만, '학교에서만' 비롯된 문제는 아니야. 학생들이 저지른 잘못이 맞지만, 오직 학생들만의 잘못은 아니야. 사회가 병든 탓에 아이들 역시 병들고 폭력을 저지르지. 그러나 사회는 병들었다는 사실조차 모르지.

일부 어른들은 학교 폭력을 아이들 탓으로 돌리고 있어. 그런 어른들의 무책임은 사회 곳곳에서 엿보이지. 예를 들어 사회가 화장하라고 한껏 부추겨놓고서는, 청소년들의 화장이 진하다며 삐딱하게 바라보지. 10대 아이돌의 화장을 당연한 듯보여주고 '여성은 예뻐야 한다'는 생각을 끊임없이 주입하며화장을 부추기는 기업과 미디어에 무방비로 노출시켰으면서화장하는 아이들만 꾸짖어서야 될까? 마치 아이들을 향해 "다너희들 잘못이야"라고 말하는 듯하지. '열라' 뛰고 싶은 공간을만들어놓고 뛰지 말라고 윽박지르는 학교 복도와 비슷해.

처벌이냐, 교육이냐

"우리 애가 얼마나 착한데……"

팔이 안으로 굽는다고 가해 학생 학부모는 '자기 자식'을 중심에 두고 생각하기 마련이야. 심리학자 스티븐 핑커는 폭력에대해 대단히 독보적인 책을 썼어. 바로《우리 본성의 선한 천사 The Better Angels of Our Nature》라는 책인데, 그는 이 책에서 폭력을 저지른 가해자와 폭력을 당한 피해자의 입장이 평행선을 달린다고 분석했어.

가해자는 '자기 합리화'에 바쁘지. 자신이 그렇게 행동할 수밖에 없는 이유가 있었다고 강변해. 피해자가 폭력의 원인을 제공했고 자기는 그것에 반응했다는 식으로 말이야. 또, 피해 자체를 축소하기 급급해. 피해가 심각하지 않고, 자기는 이미 사과했으니까 된 거 아니냐는 태도를 보이기 일쑤야. 가해자는 화해를 바탕으로 섣불리 미래를 얘기하기도 해. 과거는 잊고 미래로 나아가자고. 그러나 일본의 사례에서 보듯이 과거를 반성하지 않는 관계는 미래로 나아가기 어렵지.

작가 이외수는 나만 생각하는 사람이 나쁜 사람이라고 했어. 나뿐인 놈이 나쁜 놈이라고. 자기 자식만 생각하는 사람도 마찬가지일 거야. '학생의 부모'를 뜻하는 학부모學父母는 '공부하는 부모'로도 이해할 수 있지 않을까? 여기서 '공부'의 대상은 지식이 아니라 삶과 사람과 세상일 테지. 자기 자식만 생각하는 게 아니라 자식을 키우면서 타인과 세상을 배우는 공부랄까. 가령 아이를 낳고 환경보호론자들이 되는 사람들처럼 말이야.

가해자에게는 감정이입이 필요하지. 하지만 감정이입은 말처럼 쉬운 게 아니야. 기본적으로 가해자는 타인에 대한 공감 능력이 떨어져 있기 때문에 폭력을 저질렀을 테니까. 가해자가 피해자의 고통을 직접 들을 수 있도록 해야 해. 자기 행동으로 인해서 피해자가 얼마나 고통스러웠는지 구체적으로 느껴야 가해자는 변할 수 있거든. 같은 사건을 두고 피해자는 가해자와 완전히 다른 입장에 설 때가 많아.

피해자는 문제가 된 폭력이 있기 전부터 괴롭힘을 당했다고 느끼지. 알려진 폭력은 빙산의 일각이며 그저 가장 최근에 발생한 폭력일 뿐이라고 하소연해. 또, 자신은 폭력의 원인을 제공하지 않았으며, 가해자가 피해자의 고통을 즐기며 폭력을 저질렀다고 생각하지. 피해는 돌이킬 수 없고 회복될 수 없다고도 느껴. 가해자가 가해 행위를 쉽사리 잊으려고 하는 것과 달리 피해자는 피해의 기억 속에서 쉽게 벗어나지 못하거든.

정말 심각한 학교 폭력은 처벌이 필요할 거야. 그러나 처벌은 능사도 아니고 핵심도 아니지. 학교 폭력이 벌어졌을 때 대응하는 방법은 두 가지야. 응보적 정의와 회복적 정의가 그것이지. 응보적 정의는 잘잘못을 가려서 잘못한 만큼 벌을 줌으로써 정의를 구현하지. 그런데 벌을 주면 잘못한 사람이 진짜 반성하게 될까? 오히려 가해 학생은 반성하기보다 '꼰지른' 아이를 원망하지. 폭력이 재발하는 이유야.

가장 중요한 것은 피해자의 회복이지. 지금의 학폭위(학교폭력대책자치위원회)에는 피해자의 자리가 없어. 가해자가 누구인지 확인하고 적당한 벌을 정하고 관련 기록을 남길 뿐이지. 가장 중요한 피해자가 빠져 있는 거야. 피해자가 얼마나 피해를 입었는지, 피해자는 어떻게 위로를 받아야 하는지, 관계 회복을 어떻게 할 것인지에 관심을 가져야 해. 처벌보다 관계 회복이 더 중요하지. 여기서 관계는 피해자와 가해자의 관계뿐만 아니라 피해자와 피해자가 속한 집단의 관계도 포함하지.

피해자가 억울하게 가해자로 둔갑하는 일은 절대 일어나선 안 되겠지. "걔가 원래 좀 그래요" 같은 태도는 피해자를 비난하거나 피해자에게 책임을 전가하는 거야. 원인을 피해자에게 돌리면 주변 사람들은 양심의 가책을 덜 느낄 수 있겠지. 사실 그런 폭력이 벌어지도록 자신도 방관하고 방조한 책임이 있을 테니까.

심각한 폭력에 너무 약한 처벌은 다시 생각해볼 필요가 있지만, 처벌이 능사가 아니라는 점을 기억할 필요가 있어. 엄벌을 부르짖는다고 사회가 나아지지도 폭력이 줄어들지도 않지. 폭력을 저지른 개인을 엄하게 처벌한다고 폭력을 부추기는 사회 환경이 나아질 리 없을 테니까. 처벌 이전에 사회 환경을 어떻게 바꿀지부터 심각하게 고민해봐야겠지. 여기서 반드시 기억해야 할 사실이 있지. 학생끼리 폭력이 벌어졌을 때 여기에 대처할 교육자는 경찰이나 검사가 아니라는 거야. 교육이란 사법적 행위가 아니라 성찰과 성장을 도모하는 과정일 테지. 학교와 교사는 무엇보다 교육적 관점에서 문제를 바라볼 필요가 있어.

갈등 상황이 벌어졌을 때 학생들 앞에 놓인 돌(문제 상황)은 걸림돌일까, 디딤돌일까?《회복적 학생생활지도The Little Book of Restorative Discipline For Schools》의 저자 로레인 스투츠만 암스투츠는 어느 인터뷰에서 "걸림돌로 여기기 쉽지만, 디딤돌로 사용하기로 마음먹으면 (그 돌을 딛고) 앞으로 나아갈 수 있다"라고 말했지. 처벌로 문제를 종결짓기보다 피해자와 가해자가 정신적 외상을 겪지 않고 집단 내에서 낙인찍히지 않으며 성장할 수 있도록 도와야 한다는 뜻이야. 그러려면 교사에게는 '사랑'이 필요하지. '사랑'이라는 말이 다소 거창하고 추상적이지만, 사랑만큼 중요한 덕목이 없어.

프랑스 작가 다니엘 페낙(1944~)은《학교의 슬픔Chagrin d'école》을 통해 교육에서 사랑의 중요성을 강조했어. 학창 시절 형편없는 열등생에 불과했던 자신이 글줄이나마 읽을 수 있었던 건 아버지의 사랑 덕분이었다며. 다니엘 페낙은 알파벳 한 자를 익히는 데 꼬박 1년이 걸린 지독한 열등생이었거든. 페낙의 아버지는 그런 아들에게 그래도 26년 후면 모든 알파벳을 알게 될 테니 걱정하지 말라며 다독였어. 그 뒤로도 친구들의 격려, 여자친구의 사랑, 자신을 북돋운 선생님들… 그 모두의 사랑이 모여 지금의 자신을 만들었다고 말했지.

우리는 잘못이 없을까

2018년 11월, 인천의 한 중학생이 집단 폭행을 당하고 15층 아파트 옥상에서 떨어져 사망하는 충격적인 사건이 벌어졌어. 집단 폭행이 얼마나 두려웠으면 15층에서 뛰어내렸을까? 피해 자가 느꼈을 극심한 두려움을 상상하면 가슴이 아프지. 이후 가해 학생들은 전부 구속됐고 재판에 넘겨졌어. 가해 학생 중 한 명이 피해자에게서 뺏은 패딩 점퍼를 입고 구속 전 피의자 심문을 받으러 갔다는 사실이 알려지면서 사람들은 더욱 분노 했지.

우리에게 필요한 것은 분노를 넘어선 그 무엇이 아닐까? 가 해 학생들에게 분노한다고 이런 일이 재발하지 않으란 법은 없 으니까. 우리가 이 비극적 사건에서 주목할 부분은 피해 학생 의 환경이야. 피해 학생의 어머니는 러시아 사람이었어. 즉, 피 해 학생은 다문화 가정에서 자란 혼혈아('다문화 가정 2세'가 더 올바른 표현이지만 관례상 '혼혈아'라고 표현할게)였어. 또한, 피해 학생 어머니는 남편 없이 혼자 자식을 키우면서 어렵게 생계를 꾸려 왔지.

피해 학생은 다문화 가정, 모자가정母子家庭, 가난 등 사회가 배제하고 차별하는 조건을 두루 갖추고 있었어. 우리는 알게 모르게 많은 차별을 하지. 가난, 혼혈, 한부모 등은 일상적 차별의 앞자리를 차지해. 사회는 다문화 가정이나 모자가정을 비정상 가족으로 낙인찍지. 가난은 또 어떻고. 영화 〈기생충〉에는 반지하로 대변되는 '가난의 냄새'를 모욕하는 부자가 나와. 급기야 모멸감을 느낀 빈자가 부자를 살해하기에 이르지. 사회의 폭력은 학교 폭력으로 그대로 재연되고 있어. 결국 가해 학생들의 폭력을 철부지 중학생들의 철없는 행동 정도로 축소해선 안 된다는 거야.

여성가족부가 2019년 1월 발표한 〈2018 청소년 유해환경 실태조사〉에 따르면, 학교 폭력 피해율은 8.5퍼센트로 조사됐어. 열에 한 명이 학교 폭력을 당한 셈이야. 물리적 폭력이든 정신적 폭력이든 그 후유증은 오래도록 피해자를 따라다니지.

학교는 무엇을 해야 할까? 먼저 학교가 학생을 존중해야돼. 내가 존중받을 때 남도 존중할 수 있지. 또한, 학교는 사회에 만연한 차별을 재생산하면 안 돼. 설령 사회가 차별과 배제로 가득하더라도 학교까지 그래선 안 되지. 학교는 사회가 그어놓은 차별과 배제의 선을 지워야지.

자신의 권리가 존중받을 때 타인의 권리도 존중한다는 증거가 있어. 교육부가 작성한 〈2012~2013년 학생 1만 명당 월평균 학교 폭력 현황 분석〉에 따르면, 학생인권조례가 제정된

서울, 경기, 광주 등의 학교 폭력 건수 감소율은 48.1퍼센트로, 학생인권조례가 없는 다른 지역의 28.5퍼센트보다 19.6퍼센트나 더 감소했어. 학교 안에서 학생의 인권을 존중할수록 학생에 대한 교사의 폭력, 더 나아가 학생들끼리의 폭력도 감소하게 되지. 학교 자체가 폭력적인 상황에서 학생들에게만 폭력을 쓰지 말라고 요구하는 건 설득력이 떨어지지.

마지막으로 덧붙이자면 '모든 아이가 모두의 아이'라는 마음으로 학교에 모든 책임을 떠넘길 게 아니라 지역사회가 함께 고민하고 거들어야지. 성직자의 아동 성폭력을 고발한 영화 〈스포트라이트〉(2016)를 보면, '한 아이를 키우는 데 온 마을이 필요하다'는 말처럼 '한 아이를 학대하는 데에도 온 마을이 필요하다'는 대사가 나오지. 마찬가지로 한 아이가 폭력을 당하는 것을 막는 데에도 온 마을의 관심이 필요하지 않을까? 주변에서 폭력을 당하는 학생을 본다면 그냥 지나치지 말았으면 좋겠어. 그게 어렵다면 최소한 신고라도 해서 도와야 해.

참고문헌

머리말

- Richard Saul Wurman, *What will be has always been; The Words of Louis I. Kahn*, Rizzoli Intl Pubns, 1986.

1. 교실

- 미셸 푸코 지음, 오생근 옮김,《감시와 처벌》, 나남, 2003.
- 안광복 지음,《키워드 인문학》, 한겨레에듀, 2011.
- 앤드류 스마트 지음, 윤태경 옮김,《뇌의 배신》, 미디어월, 2014.
- 윌리엄 에어스 지음, 홍한별 옮김,《가르친다는 것》, 양철북, 2012.
- 장가브리엘 코스 지음, 김희경 옮김,《색의 놀라운 힘》, 이숲, 2016.
- 켄 로빈슨 외 지음, 정미나 옮김,《학교 혁명》, 21세기북스, 2015.
- H. G. Wells, *The Outline of History*, George Newnes, 1920.

2. 도서관

- 권재원 지음,《세상을 바꾼 질문》, 다른, 2015.
- 레이 브래드버리 지음, 박상준 옮김,《화씨 451》, 황금가지, 2009.
- 레진 드탕벨 지음, 문혜영 옮김,《우리의 고통을 이해하는 책들》, 펄북스, 2017.
- 마르틴 발저 지음, 안인길 옮김,《어느 책 읽는 사람의 이력서》, 미래의창, 2002.
- 장 폴 사르트르 지음, 이희영 옮김,《구토 / 말》, 동서문화사, 2011.
- 제임스 라이언 지음, 노지양 옮김,《하버드 마지막 강의》, 비즈니스북스, 2017.
- 프란츠 카프카 지음, 서용좌 옮김,《행복한 불행한 이에게》, 솔, 2017.

- Hermann Hesse, *Demian*, HarperPerennial, 2009.

3. 음악실 · 미술실 · 체육관

- 에두아르드 린드만 지음, 강대중 옮김, 《성인교육의 의미》, 학이시습, 2014.
- 이반 일리치 지음, 박홍규 옮김, 《학교 없는 사회》, 생각의나무, 2009.
- 유시민 지음, 《청춘의 독서》, 웅진지식하우스, 2009.
- 윤여각 외 지음, 《평생교육의 눈으로 학교 읽기》, 에피스테메, 2016.
- 조이한 지음, 《위험한 미술관》, 웅진지식하우스, 2007.
- 존 듀이 지음, 이홍우 옮김, 《민주주의와 교육》, 교육과학사, 1996.
- 칼 로저스 지음, 오제은 옮김, 《칼 로저스의 사람-중심 상담》, 학지사, 2007.
- 프리드리히 실러 지음, 안인희 옮김, 《미학 편지》, 휴먼아트, 2012.

4. 탈의실

- 버지니아 울프 지음, 손영도 옮김, 《자기만의 방》, 고려대학교출판부, 2008.
- 조지 오웰 지음, 북트랜스 옮김, 《1984》, 북로드, 2013.
- 페터 회 지음, 박현주 옮김, 《스밀라의 눈에 대한 감각》, 마음산책, 2005.
- 이문재, "두 시간 동안의 '충격'", 〈경향신문〉, 2012.5.16.
- Ralph Waldo Emerson, *Education: An Essay and Other Selections*, Trieste Publishing, 2017.

5. 교문

- 릴리어스 호톤 언더우드 지음, 김철 옮김, 《언더우드 부인의 조선 견문록》, 이숲, 2008.
- 미셸 푸코 지음, 오생근 옮김, 《감시와 처벌》, 나남, 2003.
- 진성은 지음, 《왜 학교는 불행한가》, 메디치미디어, 2011.
- 프리모 레비 지음, 이현경 옮김, 《이것이 인간인가》, 돌베개, 2007.
- 토드 휘태커 지음, 송형호 옮김, 《훌륭한 교사는 무엇이 다른가》, 지식의날개, 2015.
- 한나 아렌트 지음, 김선욱 옮김, 《공화국의 위기》, 한길사, 2011.

6. 운동장

- 권재원 지음,《교사가 말하는 교사 교사가 꿈꾸는 교사》, 북멘토, 2015.
- 엘빈 토플러 지음, 김중웅 옮김,《부의 미래》, 청림출판, 2006.
- 백윤애, "배운다는 것, 처음을 기억하는 것", 〈우리교육〉, 3월호, 2018.
- John Lobell, *between silence and light*, Shambhala Pubns, 2008.

7. 복도

- 구도 가즈미 지음, 류호섭 옮김,《학교를 만들자》, 퍼시스북스, 2009.
- 미셸 푸코 지음, 오생근 옮김,《감시와 처벌》, 나남, 2003.
- 안토니 가우디 지음, 이종석 옮김,《가우디 공간의 환상》, 다빈치, 2001.
- 정유진 · 김홍섭 지음, 〈훈데르트바써의 작품세계와 특성에 관한 연구: 회화 작품의 건축구현을 중심으로〉, 한국실내디자인학회논문집, 2011.

8. 교무실

- 엄기호 지음,《교사도 학교가 두렵다》, 따비, 2013.
- 윌리엄 에어스 지음, 홍한별 옮김,《가르친다는 것》, 양철북, 2012.
- 박민정 지음,《매독》, 〈황해문화〉, 99호, 2018.
- 프리드리히 엥겔스 지음, 양재혁 옮김,《루트비히 포이어바흐와 독일 고전철학의 종말》, 돌베개, 1992.

9. 화장실

- 닉 해즐럼 지음, 김하현 옮김,《화장실의 심리학》, 시대의창, 2018.
- 박형남 지음,《재판으로 본 세계사》, 휴머니스트, 2018.
- 설규주 지음,《청소년을 위한 정치학 에세이》, 해냄출판사, 2017.
- 아리스토텔레스 지음, 조대웅 옮김,《니코마코스 윤리학》, 돋을새김, 2008.
- 안광복 지음,《키워드 인문학》, 한겨레에듀, 2011.

10. 식당

- 모리스 메를로퐁티 지음, 박현모 옮김,《휴머니즘과 폭력》, 문학과지성사, 2004.

- 배동산, "학교 비정규직 실태와 개선과제-노동존중이 교육이다", 〈교육비평〉 41호, 2018.
- 버지니아 울프 지음, 손영도 옮김, 《자기만의 방》, 고려대학교출판부, 2008.
- 장 앙텔므 브리야사바랭 지음, 홍서연 옮김, 《미식 예찬》, 르네상스, 2004.
- 조르조 아감벤 지음, 박진우 옮김, 《호모 사케르》, 새물결, 2008.
- Thomas Carlyle, *Past and Present*, New York Univ Pr, 2000.

11. 계단

- 강인규 지음, 《망가뜨린 것 모른 척한 것 바꿔야 할 것》, 오마이북, 2012.
- 김원영 지음, 《희망 대신 욕망》, 푸른숲, 2019.
- 박찬숙 지음, 《세계 난민 수업》, 풀빛, 2017.
- 위근우 지음, 《다른 게 아니라 틀린 겁니다》, 시대의창, 2019.
- 클로드 레비스트로스 지음, 박옥줄 옮김, 《슬픈 열대》, 한길사, 1998.
- 프리드리히 니체 지음, 박찬국 옮김, 《아침놀》, 책세상, 2004.
- Caroline Thomas Harnsberger, *Mark Twain at Your Fingertips*, Dover Pubns, 2009.

12. 학교의 안팎

- 다니엘 페낙 지음, 윤정임 옮김, 《학교의 슬픔》, 문학동네, 2014.
- 블레즈 파스칼 지음, 정봉구 옮김, 《팡세》, 올재클래식스, 2012.
- 스티븐 핑커 지음, 김명남 옮김, 《우리 본성의 선한 천사》, 사이언스북스, 2014.
- 하승우 외 지음, 《그리고 학교는 무사했다》, 교육공동체벗, 2013.

학교 안의 인문학 2
공간 속에서 삶을 이해하는 생각 도구들 12

초판 1쇄 발행 2019년 11월 25일
초판 2쇄 발행 2020년 10월 8일

지은이 | 오승현

발행인 | 박재호
편집팀 | 고아라, 홍다휘, 강혜진
마케팅팀 | 김용범, 권유정
총무팀 | 김명숙

디자인 | 김보형
일러스트 | 백두리
교정교열 | 김익선
종이 | 세종페이퍼
인쇄·제본 | 한영문화사

발행처 | 생각학교
출판신고 | 제25100-2011-000321호
주소 | 서울시 마포구 양화로 156(동교동) LG팰리스 814호
전화 | 02-334-7932 **팩스** | 02-334-7933
전자우편 | 3347932@gmail.com

ISBN 979-11-88388-98-1 44190
      979-11-88388-96-7 (세트)

이 도서의 국립중앙도서관 출판예정도서목록(CIP)은 서지정보유통지원시스템 홈페이지
(http://seoji.nl.go.kr)와 국가자료공동목록시스템(http://www.nl.go.kr/kolisnet)에서 이
용하실 수 있습니다.(CIP제어번호: CIP2019046348)